U0146868

ZERRO 零

[日] 松田行正 著

汇集121类各式记号、暗号、信号、密码、代码、文字、图形、纹饰的

世界符号大全

莫尔斯电码 / 电信暗号 / 盲文 / 二进制 / 皮特曼式速记术 / 动作学 / 柏柏尔文字 / 标点符号 / 聂斯脱利派文字 / 希伯来文字 / 鸣叫的音节 / 金甲虫暗号 / 玛丽女王的暗号 / 棒球的计分记号 / 国际象棋棋谱记号 / 数学符号 / 努米底亚文字 / 宇宙文字 / 拉班舞谱符号 / 电气符号 / 医学符号 / 炼金术符号 / 稻留正吉的新日本文字 / 克里文字 / 布吉文字 / 动素 / 炼金术密码 / 棉地文字 / 撒玛拉札台湾字母 / 泰文字 / 穿越天河字母 / 天上文字 / 玛拉基母字母 / 西曼特图案 / 地图符号 / 姆语 / 日本海军惯用符号 / 苏美尔图画文字 / 霍波记号 / 丰国文字 / 巴母文字 / 查诺夫表情 / 玛雅文字 / 法伊斯托斯圆盘 / 缅甸文字 / 闽腔快字 / 僧侣体文字 / 阿拉伯文字 / 泰卢固文字 / 自动叙述装置文字 / 阿比留草文字 / 新字瓯文 / 甲骨文的"龙" / 苗文字 / 悉昙文字 / 十字记号 / 乌托邦语 / 共济会暗号 / 曼宁卡文字 / 亚齐德教派文字 / 格拉哥里文字 / 切音新字 / 八思巴文字 /《易经》的卦 / 道教符咒 / 索永布文字 / 夏沛413信号系统 / 普遍语言 / 对马文字 / 阿奈伊知文字 / 种子文字 / 音韵记号 / 守恒文字 / 形声通用文字 / 阿比留文字 / 水茎文字 / 西里尔文字 / 欧甘文字 / 德拉·波尔塔暗号 / 卢恩文字 / 家徽 / 数码文字 / 性器符号 / 婆罗米文字 / 法卢文字 / 阿里嘎里字母 / 音乐符号 / 日本新字 / 彻罗基文字 / 亚美尼亚文字 / 炼金术字母 / 魔法字母 / 查理曼暗号 / 拉班·毛鲁斯大主教字母 / 家判 / 楚科奇文字 / 注音字母 / 阿波文字 / 流水文字 / 平假名 / 片假名 / 则天文字 / 古代中国文字范例 / 西夏文字 / 中臣文字 / 秀真文字 / 占星术符号 / 生物学符号 / 航空符号 / 石墙刻印 / 太阳系、星、月符号 / 电视、录像机、音响设备符号 / 道尔顿原子符号 / 家纹 / 气象符号 / 克拉得尼的声音图形 ////////////// 黄碧君 ◎ 译 //////////////

北京联合出版公司
Beijing United Publishing Co.,Ltd.

图书在版编目 (CIP) 数据

零 ZEЯRO：世界符号大全 / (日) 松田行正著；黄碧君译 . ——北京：北京联合出版公司，2021.3

ISBN 978-7-5596-4766-5

Ⅰ.①零… Ⅱ.①松… ②黄… Ⅲ.①符号－研究 Ⅳ.① H0

中国版本图书馆 CIP 数据核字 (2020) 第 242891 号

零 ZEЯRO：世界符号大全

作　　者：［日］松田行正
译　　者：黄碧君
出 品 人：赵红仕
责任编辑：夏应鹏
特约编辑：陈小齐
选题策划：双又文化

北京联合出版公司出版
（北京市西城区德外大街 83 号楼 9 层　100088）
北京联合天畅文化传播公司发行
北京美图印务有限公司印刷　新华书店经销
字数 160 千字　787 毫米 ×1092 毫米　1/32　9 印张
2021 年 3 月第 1 版　2021 年 3 月第 1 次印刷
ISBN 978-7-5596-4766-5
定　　价：99.00 元

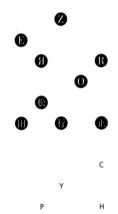

C
Y
P H
E
R

再也没有比"零"更不可思议的记号了。曾经有一个电视广告，主角在支票上填写金额数字时，由于笔实在太好写，"零"填得太顺，搞得周围的大人物们十分紧张。"零"明明代表"无"，但只要不断加上去，就能让数字无限变大。这就是"零"。

★汉字中的"日"是象形文字，起初为圆中加上一点，随着时间的变迁才演变成现在的形状。这个点是为了和周围什么都没有的空间区别，表示确实存在着的实体。如果把点拿掉就是零，但是外框的圆依然残留着。从另一个角度来看，零也可以是"中间"的意思。

★约5世纪或6世纪，零在印度被发明出来。从那时起，它的形状已经是"○"或"·"。在印度，数字以人身体的一部分或太阳、月亮等来表示，或许"○"的诞生和中国的象形文字有着相同的构想，是个连毕达哥拉斯、欧几里得和阿基米德也不知道的数字记号。

★零（zero）在梵语中读作"sūnya"，意思是"空无一物"，8世纪传到阿拉伯时译成"aṣ-ṣifr·cipher"，意思是"空"。12世纪阿拉伯的算术书被翻译成拉丁文传到欧洲，零根据读音演变为"zephirum"和"tziphra"。之后又衍生出许多不同的名称，像"zeuero""ceuero""zepiro"等※，其中意大利语的"zero"广为流传，使用最多，才成为固定的名称。"简单替代密码"（simple substitution cipher / monoalphabetic cipher）中的"cipher"原本就是阿拉伯语中"零"的异称。

※"零"的名称还有：spos、tsiphron、Zeron、cifra、rota、circulus、galgal、omicron、theca、null、figura nihili。

在思考这些演变时，我开始想把这些现在已不被使用的文字、符号和奇形怪状的图案等收集起来。而"零"可以说是最符合这些不可思议的符号的原点，书名"ZERO"因此诞生。但是，为了涵盖超出ZERO范围的偏离（err / error）的意思，所以改成"ZEЯRO"。

大约是30年前的事了，以唯物史观描绘忍者世界的著名漫画家白土三平（本名冈本登，1932~ ），在其作品《忍者旋风》（ワタリ，1965~1967）中，以唯物论来描述忍术的科学。这就像是披着合理外衣的不合理解答，跟柳田理科雄（1961~ ）的《空想科学》一样有趣。举例来说，分身术被认为是在敌人周围以超高速绕圈快跑，出现许多个自己的分身。原理和电风扇的扇叶看起来好像停止不动相同。但是，要掌握和使用这个技能会让人很疲劳，还会消耗后面战斗所需的体力。倒不如说，如果有应用分身的武术可能更有意思一些。浦泽直树（1960~ ）的《怪物》里就有这种感觉。

7	6	5	4	3	2	1
橪	㮮	柏	㭒	横	㯵	柁
燦	熯	炟	烐	熿	熪	炮
墲	堚	坥	㙫	墥	塪	坨
鑠	鐷	鉑	鉢	鐄	錆	鉋
濣	瀺	泊	洓	潢	清	洍
燦	黑	自	㑊	橫	倩	他
鱳	騽	魄	駊	驦	鯖	鮀

忍者的暗号。五行（木、火、土、金、水）和"人""身"，跟五色（青、黄、赤、白、黑）和"色""紫"等汉字结合创造出的暗号。具体的解读法不明，但是把这些暗号加上某种规则，置换成日语五十音的话，就可以成为简单替代密码。

啊，就在这样绘声绘色、连续不断的创造又解释的历史中，出现了一种用来操纵"0"的忍者护身符（图1）。这是真言密教的护符（需要说明的是，这个时代"零"的记号应该还没传到日本）。据说这个护符能够自由地操控人，像是一种替代人形的傀儡术。我来稍加分析。"尸"是尸体的意思，在这里代表替身、人体。重复三次是要打通修炼道的三光（日、月、星）之气，或是像住在人的肚子里会告密的"三尸虫"，把那个人的罪状偷偷报告给天上。转借为虽然看不到具体的形象，却可能夺去人命的鬼神或灵魂之类的东西。应该隐含了这两种意思吧。"月"和"女"表示时间，"國"是国的繁体字，即设置界限，规范咒力可及的范围。接下来的文字是祈求的词语："有"代表世上所有的生物，"正"（疋）为"生"，代表世界。以上是我个人的解释。在调查这个护符的来源时，我迷上了记号的魅力。

我对灵数学开始有兴趣也是这个时期。神秘主义相关的书籍中，属于最右派的大陆书房曾出版过一本田上晃彩（1923~ ）所著的《灵数的四次元》（1973）。该书以大量陈腐的古代学为出发点，试图找出日本文化中潜藏的真理、咒语、音灵与灵数的关系，再用灵数来解读其含义。用灵数学解释《古事记》的《〈古事记〉之谜》是田上晃彩的最后一部作品，但我对这种用一个理论套上自古至今所有事情的说法感到厌烦。

图1

★灵数学中，位数多的数字要转换成个位数来进行各种解释。例如，125要转换成1＋2＋5＝8。120就是1＋2＋0＝3，0的位数会消失。这种"个位数化"的方法论，是没有"零"的毕达哥拉斯以来的传统做法，即使现在已经有"零"，个位数化和"零"也并不冲突。这是为了成全"零"所具有的"逻辑性"技巧吧。

还有一件与符号有关的令人震惊的事件。1971年，齐柏林飞艇（Led Zeppelin）发行了第4张双CD唱片，封面、封底、内页完全找不到乐队名称，连歌曲名、版权者、唱片公司名称也没有。装CD的内袋上虽然印着曲名，却没有注明乐队名称，只能看到制作人吉米·佩奇（Jimmy Page，1944~ ）的版权者署名，还有4个大大的神秘符号并排着（图2），似乎有着特殊的意义［顺便提一下，内袋另一面是歌曲《通往天国的阶梯》（Stairway to Heaven）的歌词］。还好标签上标着齐柏林飞艇和这四个符号的描述。媒体被告知4个符号代表齐柏林飞艇4位成员，似乎引发了不小的混乱。发行商大西洋唱片（Atlantic Record）一开始认为这张唱片不可能畅销，将它称为"自杀唱片"。事实上，这张唱片成为齐柏林飞艇销量最高的唱片，其中收录的"Black Dog""Rock and Roll""Stairway to Heaven"等歌曲则成为齐柏林飞艇的代表曲目。齐柏林飞艇成员们似乎想避开"齐柏林飞艇Ⅳ"这个名称，但是因为没有名称，欧美通常称这张以4个符号代表4位成员的专辑为"4个符号"（Four Symbols），日本版还是以"齐柏林飞艇Ⅳ"的名称发行。

吉米·佩奇很崇拜20世纪神秘主义代表者之一的阿莱斯特·克劳利（Aleister Crowley），他在英国的肯辛顿开了一家神秘主义书店，以克劳利的著作命名为"昼夜平分时"（EQUINOX），还买下了克劳利在苏格兰的古行馆。佩奇打算用神秘主义符号来代表4位成员，符号几乎都引用自神秘主义的书，而探究其出处一直拨弄着歌迷的好奇心。我试着来解析一下这些符号。最左边的符号代表吉米·佩奇，是将被称为"红龙"的西洋占星术护符颠倒过来使用。以我个人的看法，像是耶稣的略称"IHS"（反过来看，像"I"的字符在上面），再加上可以看成闪电的"Z"。约翰·保罗·琼斯（John Paul Jones，1946~ ）和约翰·博纳姆（John Bonham，1948~1980）的符号据说来自欧洲古语的卢恩文字。卢恩文字是一种用刀刻在树上棱角分明的书体，说这两个符号来自卢恩文字真有点奇怪。符号的形状让人联想到"三位一体"之说，说它们像日本人的家徽就容易理解了吧。琼斯的符号，如果去掉○，就是"连结的柏草"三叶草，博纳姆的则是"三个金轮"。连结的三叶草打开就是一个圆，圆和三叶草的组合可以解读成"终极的形状"。罗伯特·普兰特（Robert Plant，1948~ ）的羽毛符号据说是姆（Mu）大陆的圣教符号，但詹姆斯·柴吉吾德（James Churchward，1851~1936）关于姆大陆的《遗失的姆大陆之谜》一书里只有羽毛，没有外围的圆圈。象形文字羽毛的前端弯曲，在阿兹特克文化中表示数字400。说到家徽，如果羽毛前端没有弯曲的话，就是"粗圆中的一片鹰羽"。

图2

喜欢魔法的神秘学家克劳利曾于1907 年组织魔法社"Argeteum Astrum"（银星），通称"A∴A∴"。这个组织的刊物名和吉米·佩奇的书店"昼夜平分时"名字相同。"∴"原本是共济会的简略代表符号，也有"A∴O∴"这样的符号。什么都加上"∴"是当时神秘主义组织的流行做法。在组织了"A∴A∴"之后，克劳利还加入德国的"O∴T∴O∴"（东方圣堂骑士团），在设立英国分部"M∴M∴M∴"（Mysteria Mystica Machisim）时，始终坚持使用"∴"。这里的"∴"取代缩写点，作为间隔使用，但其实原本是"三位一体"的符号。共济会的"三位一体"符号是由圆规、角尺和眼睛组成。毫无疑问，"∴"自有其符号的意义，但在这里却是当作字符间的空白间隔，就像零一样，虽是"无"却象征"有"。

符号往往包含着许多意义，统一符号的想法也出现得很早。文艺复兴时期的英国数学家、魔法师约翰·迪伊（John Dee，1529~1608）写了一本神秘而独特的《单一体象形文字》（*Monas Hieroglyphica*，1564）。"Monas"就是"Monad"，意思是单位或单一。从毕达哥拉斯、柏拉图到莱布尼茨，基本粒子构成宇宙的概念已经成形。迪伊以这个"Monad"为神，创造了可以代表神、变换成十字架的符号。换句话说，这个符号就是迪伊的宇宙方程式，相当于爱因斯坦的"$E=mc^2$"。

这么一说似乎很高深，其实不过是融合当时的神秘主义两大要素炼金术和占星术的一个符号罢了（图3）。其中，圆点代表地球，圆圈代表太阳绕着地球转，也就是托勒密的地心体系宇宙。太阳上面的半圆是月亮，下面是十字架。十字架下方的两个半圆是天动说的太阳轨道，即黄道十二宫之一的白羊宫。"月亮＋太阳＋十字架"的组合，在占星术上是"水星"的符号，在炼金术中就是把贱金属变成贵金属的媒介"水银"。白羊宫代表火，这个宇宙符号象征的是炼金术中金属转变的世界。用火（白羊宫）让水银（水星）先变成银（月亮），最后再变成金（太阳）。无论怎么看，这个符号都像是受到炼金术启发的时代产物。

★有不少说法认为炼金术、占星术符号来自希腊字母，神秘主义符号来自希伯来字母。炼金术、占星术的部分符号后来被当作化学符号和生物学符号来使用。文字与字母的衍生演化也是个复杂的过程，涉及范围很广。绘制这些符号与文字的系统树（见本书护封的背面）是一个十分吸引人的主题。夜晚看着发光的星星，似乎很自然地认为★形符号是理所当然的，但是在日本，★形符号的使用是明治以后才有的事，之前是以"○"表示星形的。阴阳师安倍晴明的晴明纹"☆"与星星的符号并没有直接的关联。★形的使用可以追溯到古巴比伦或毕达哥拉斯的时代，历史相当悠久。

图3

本书所列的符号群只是作者根据形状的趣味性来选择的。很多复杂形状已经超越了沟通途径，有些文字系统因为形状和文法太过复杂而无法流通，就自然消失了。也有一些像神代文字那般怪异的文字系统。除了感到形状有趣之外，我还被这些文字、符号的瞬息万变所迷惑。本书最终集结了11章×11种＝121个文字群、符号群。另外，值得一提的是，每一页的尺寸也是11的倍数，宽121毫米×高209毫米，正文的版心尺寸也是以11毫米为单位的自然数倍数，宽88毫米×高187毫米。各章的内容并非完全有系统的分类，主要以形状相似，还有演变关系来组合编排。各章篇首的符号是由象征此章的字母变形而来。诸位读者，就请跟我一起走进这个昆虫图鉴般的奇妙世界吧！

1 A

2 F

11 Z

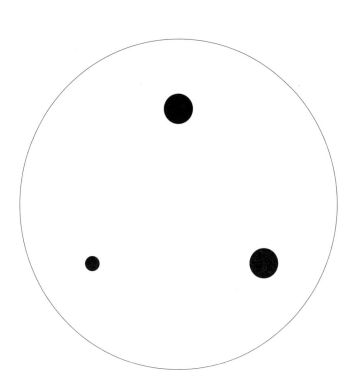

从脉波符码通信演变成塞缪尔·莫尔斯的
莫尔斯电码

远距离通信技术的开发是从一封投稿开始的。1753年，苏格兰一份杂志刊登了一篇匿名投稿，作者设想每个字母对应一条电缆，只要架设26条电缆就能够实现远距离通信。结果，这个想法在近100年后才被具体实施。1839年，英国的查尔斯·惠斯通（Charles Wheatstone，1802~1875）和威廉·库克（William Fothergill Cooke，1806~1879）利用电流通过磁针一旁时磁针振动的现象创造了惠斯通–库克系统。其实，1832年，美国的塞缪尔·莫尔斯（Samuel Finley Breese Morse，1791~1872）在大西洋航行的船上，也想到了利用电磁石组合断续的电流形成通信的方法。这是利用电码进行通信的开始。1844年，华盛顿和巴尔的摩间架设了电信线，也开发了用点和线来表达英文字母的通信系统，这就是莫尔斯电码。这些信号可以印出来，也可以输入发声器。1851年，欧式莫尔斯电码出现，取代了惠斯通–库克系统。国际莫尔斯电码把使用频率高的字母代码简化，不常使用的字母则使用复杂的代码。

一开始，船舶遇难救助信号的莫尔斯电码是CQE，CQ意为"告知全船"。因为E（·）不容易辨识，后来改为CQD（Come Quick Danger，—·—·、——·—、··），1906年又演变成SOS（···、———、···）。1912年，泰坦尼克号成为第一艘发出SOS求救信号的船只。通常认为SOS是Save Our Ship、Save Our Souls等的缩写，实际上只是为了更容易辨识。1987年，莫尔斯电码被废弃，取而代之的是卫星监视系统（GMDSS=Global Maritime Distress and Safety System=全球海上遇难救助系统）。

右页图中（ ）内是日文的莫尔斯电码。日本在明治维新后的1869年架设电信系统，直接把欧洲文字的莫尔斯电码替换成日文假名的48个文字，没有考虑到使用频率的问题，结果造成代码使用复杂的状况。

A (イ)	B (ハ)	C (ニ)	D (ホ)	E (ヘ)
・—	—・・・	—・—・	—・・	・

F (チ)	G (リ)	H (ヌ)	I (濁音)	J (ヲ)
・・—・	——・	・・・・	・・	・———

K (ワ)	L (カ)	M (ヨ)	N (タ)	O (レ)
—・—	・—・・	——	—・	———

P (ツ)	Q (ネ)	R (ナ)	S (ラ)	T (ム)
・——・	——・—	・—・	・・・	—

U (ウ)	V (ク)	W (ヤ)	X (マ)	Y (ケ)
・・—	・・・—	・——	—・・—	—・——

Z (フ)	1	2	3	4
——・・	・————	・・———	・・・——	・・・・—

5	6	7	8	9
・・・・・	—・・・・	——・・・	———・・	————・

0	.	,	:	?
—————	・—・—・—	——・・——	———・・・	・・——・・

/ (モ)	(	)	" (())	-
—・・—・	—・——・	—・—・・	・—・・—・	—・・・・—

+ (ン)	=	結束		
・—・—・	—・・・—	・—・・—・		

吉尔伯特·弗南发明的二进制暗号

电信暗号

1877年，法国人埃米尔·博多（Émile Baudot, 1845~1903）第一个想到把电动印字机纸卷的洞当成文字来使用。最早想到以穿洞方式来表现莫尔斯电码的是惠斯通。代码孔有5行，不包括右页图中第3行的小孔，那是送纸用的洞，跟胶卷两侧的齿孔作用相同。5行只能表现出2^5=32个字符，博多想到可以上下转换使用2套字符集的办法，如此一来就能表现出60个字符。图中（）里是使用上段字符集来表示的字符，主要是阿拉伯数字和标点符号。

印刷电信机是美国人休斯（David Edward Hughes, 1831~1900）于1855年发明的，1910年由西电公司（Western Electric）商品化。在AT&T上班的吉尔伯特·弗南（Gilbert S. Vernam, 1890~1960）想到可以利用印刷电信机打出来的纸卷，以有洞和没洞表示的二进制暗号系统。这个想法并没有在美国普及，倒是"二战"时被德国利用，并因此诞生了"追加键"密码机。不过，破译它的却是曾经破解恩尼格玛密码机的英国布莱切利庄园（Bletchley Park）。

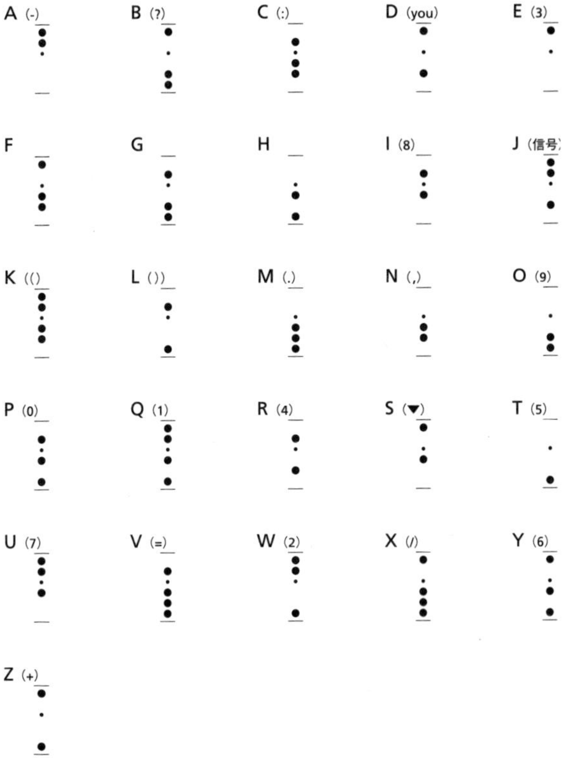

A (-)

B (?)

C (:)

D (you)

E (3)

F

G

H

I (8)

J (信号)

K (()

L ())

M (.)

N (,)

O (9)

P (0)

Q (1)

R (4)

S (▼)

T (5)

U (7)

V (=)

W (2)

X (/)

Y (6)

Z (+)

盲人路易·布莱叶想出六点式

盲文

盲人使用的文字，一般是在木片上刻点以表示字母，或是利用凸起的油墨来辨识，因为视觉上的字母形状，盲人根本无法体会。虽然也有利用绳结来组成文字的方法，但却不适合于复杂的文章。

法国的盲人路易·布莱叶（Louis Braille, 1809~1852）在1829年想出了六点式盲文，利用 $2^6＝64$ 种可能性来表示字符。19世纪末，点字盲文被世界各地采用。右页图就是欧洲文字用的点字代号。日本的盲文则采用了东京盲哑学校的石川仓次（1859~1944）1890年提出的方案。

江户川乱步（1894~1965）的《两分铜币》（1932）里出现了使用点字的暗号。以"南无阿弥陀佛"6个字取代点字的6个点，一个代号里同时隐含了两个信息。而且，写着这些暗号的纸片是藏在改造过的两分铜币中。下面就是南无阿弥陀佛暗号。把○中的文字挑出来，就是"ゴジヤウダン"（御冗谈，即玩笑话的意思）。

浊音谱	⓰ゴ	ケ	ン	チ	ヨ	―	シ	ヨ	―	浊音谱	ⓙジ	キ
浊音谱	ド	―	カ	ラ	オ	モ	チ	ⓨヤ	ノ	サ	ツ	ヲ
ⓤウ	ケ	ト	レ	ウ	ケ	ト	リ	ニ	ン	ノ	ナ	ハ
浊音谱	ⓓダ	イ	コ	ク	ヤ	シ	ヨ	―	テ	ⓝン		

→ 莫尔斯电码　018
→ 电信暗号　020
→ 二进制　024
→《易经》的卦　154

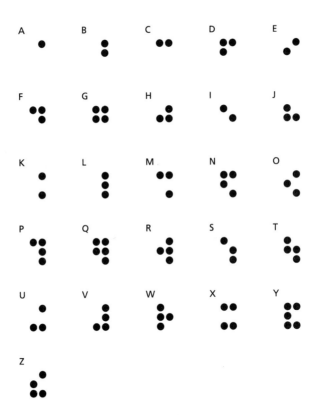

《易经》的阴阳思想启发莱布尼茨发明
二进制

莱布尼茨（Gottfried Wilhelm Leibniz, 1646~1716）从中国的《易经》阴阳体系思考得出的二进制是只用"开/关"或"0/1"来表示的简单构造，即使外星人也能理解吧，故曾使用在对外星人发送的信息上。1974年，德雷克（Frank Donald Drake, 1930~ ）和萨根（Carl Sagan, 1934~1996）两位博士在波多黎各的阿雷西波天文台（Arecibo Observatory）把信息翻译成二进制，对M13星团发信。根据萨根1985年原著改编的电影《超时空接触》（Contact，1997）中就有对这件事的演绎。

ASCII（美国信息交换标准码）把字母的大写、小写，标点符号以7位数的0和1来表示。例如，右页图中的大写字母就是以ASCII码表示的，大的点是1，小的点用来表示0，横向读取，从左至右，上下相连。另外，标点符号! = 0100001，& = 0100110。

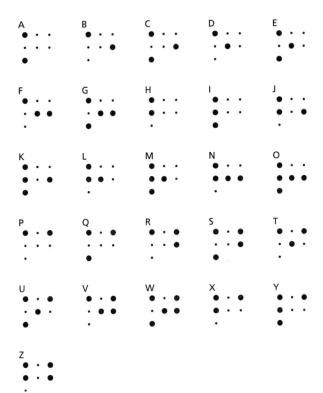

始于古罗马时代的
皮特曼式速记术

速记的历史比我想象中的要久远，据说最先想到的人是古罗马西塞罗（Marcus Tullius Cicero, 前106~前43）的奴隶提洛。当时，罗马迎向全盛时期，从皇帝到奴隶都很热衷学习。之后，速记被遗忘了很久，直到1588年英国人提摩西·布赖特（Timothy Bright, 1551~1615）应用提洛的方法，1602年约翰·威尔斯（John Wills）发明字母方式的速记，后来又陆续出现许多改良方案。据说牛顿（Isaac Newton, 1642~1727）在1662年也曾学过托马斯·谢尔顿（Thomas Shelton, 1601~1650）式速记法。在17世纪的知识分子之间，速记术也曾被当成暗号来使用，有着新兴学问的魅力。1837年，艾萨克·皮特曼（Isaac Pitman, 1813~1897）式速记法确立。

但是，各国都有不同的速记方式：法国为柯萨尔式、都伯罗（Duployé）式，德国是集合好几种版本的统一式，美国则是约翰·格雷格（John Robert Gregg, 1867~1948）式，中国有蔡锡勇的传音快字。自1882年的田锁纲纪（1854~1938）以来，日本出现了熊崎健一郎、中根正亲、川口涉（1906~1956）的早稻田式，冈特略（George Edward Luckman Gauntlett, 1868~1956）式，武田（千代三郎）式，毛利（高范）式，众议院式，参议院式，等。也有人尝试把使用频率较高的单字以其他形式来表示，以提高效率。

右页图是皮特曼式的字母（英语）。线有粗细两种，书写时需要小心区分。

→ 闽腔快字 116

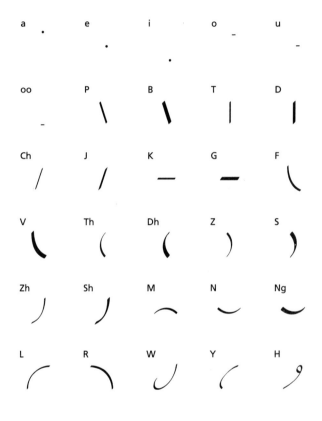

雷·博威斯特的脸部表情记号
动作学

动作学是一种由文化人类学者雷·博威斯特（Ray L. Birdwhistle）提出的像乐谱般的图案式沟通分析法。将人的动作和脸上的表情符号化，这种非语言式的沟通方式让文字对话也能充满生动丰富的表情。依据博威斯特的理论，对话中语言的功能只占7%，剩下的93%里，声音强度的高低和音量的大小占38%，其他55%则由脸上的表情来传达。据说动作学可以用符号来表达喜怒哀乐，让对话更生动立体，还可以把内心的波动资料化并加以掌握。心理学和心理咨询等领域已有应用，但实际效果尚未明确。我只是对于博威斯特把表情细分成各种符号这事感到有趣罢了。

心理学用语中有所谓的"聪明的汉斯"。20世纪初，柏林有一匹名为"汉斯"的马，在主人和观众面前，会用脚踢出声音来回答简单的计算和时间。即使把主人的脸盖起来，让他无法对汉斯打暗号，它依然能够正确回答。但是，如果让它看不见主人和观众时，汉斯就会不断地跺脚。汉斯能够观察到主人和观众的表情或眼神在答案数字接近时产生的微

妙变化。"聪明的汉斯"告诉我们，实验者在不知情的状况下，有可能会把情报传送给实验对象。人脸上的表情竟然如此丰富。"眼睛也能像嘴巴一样说话。"

我试着用动作学的方法把"哼哈二将"的表情符号化，只画出了一张平淡无奇的小丑脸，让我深深觉得要把个性普遍化还真是一件困难的事。（哼哈二将表情图由泽地真由美绘制。）

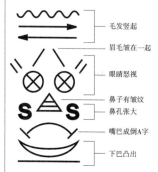

毛发竖起
眉毛皱在一起
眼睛怒视
鼻子有皱纹
鼻孔张大
嘴巴成倒A字
下巴凸出

空洞的表情	一边眉毛 上扬	一边眉毛 下弯	皱起眉间	皱起眉间 点头
睁大眼	眨眼	眼睛眯 成一线	瞬间闭 上双眼	盯着对方看
瞪人	翻白眼	眼睛挤 成一线	瞳孔上吊	偷窥
眼睛冒火	眼睛往下看	歪鼻	鼻孔张大	捏鼻子
皱起鼻纹	嘴巴左 (右)弯曲	收下巴	微笑	一字嘴
倒A字嘴	用舌头鼓 起脸颊	嘟起嘴	咬紧牙	奸笑
笑得不自然	张大嘴	慢慢舔嘴唇	滋润嘴唇	咬唇
吹口哨	噘嘴	用舌头发 出喷声	嘴角放松	下巴凸出
竖起耳朵	竖起毛发			

也被称为"提非纳文字"的北非
柏柏尔文字

北非马里的游牧民族图瓦雷克族现在依然在使用柏柏尔文字。约公元前7世纪时，汲取了后来成为罗马帝国领土的北非努米底亚王国的努米底亚文字（古利比亚文字）的养分，柏柏尔文字形成，也被称为"提非纳文字"。据说柏柏尔文字是从腓尼斯文字衍生而来的，形状类似刻在洞窟里的记号。

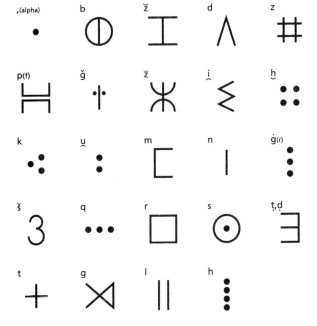

6世纪时"。"已经存在

标点符号

印刷的符号除了文字、数字，主要就是标点符号了。"、""。"在《日本书纪》（720）中就已经存在，其中"。"还可以上溯到6世纪中国南北朝梁代秘书省的校对公文格式。

日本在明治二十年（1887）以前没有印刷符号。直到近代文学兴起，在文言文改革成为言文一致体的时代潮流中，印刷符号才开始在报纸和出版品中使用。明治三十九年（1906），文部大臣官房图书课提出"标点符号法案"，制定了标点符号的使用方法等。1946年，日本文部省国语调查室以此"标点符号法案"为基础，制定了《标点符号法案》。

16世纪末，日本基督教会的遣欧少年使节从欧洲带回了印刷机和西洋书籍，日本人才首次在基督教书里看到"？"和"！"。日文书籍（国字本）中最早出现的例子，是在天草（译注：现熊本县）以金属活字版印刷的《救世主》和《朗咏杂笔》等与基督教相关的书籍。"？"作为问号和"！"作为感叹号是明治以后才有的说法。

关于"？"和"！"的起源并没有定论。一般的说法是现在希腊文里依然在疑问句中使用的疑问符号分号（；），颠倒就成为"？"。"！"则据说是把拉丁文的"胜利"一词"IO"竖排，"O"变成一点而成。黑点作为句号置于文末是不成文的约定，所以疑问符号和感叹符号也被放在句尾，成为通用形式。

至于"！"被当成"强调符号"则始自俄国革命后的亚历山大·罗荃科（Alexandre Rodtchenko, 1891~1956）。罗荃科为了启蒙大众革命的意识，在甜点包装、街头海报、电车、墙壁等表面加上"！"和宣传语句，设计出强烈的视觉效果。

顿号	句号	间隔号	逗号	冒号
、	○	●	，	：

分号	问号	感叹号	感叹号	假名重复
；	？	！	！	ヽ

词语重复	汉字重复	双引号（西文）	句子重复	省略符号
〱	々	"	〵	，

连接号	二重连接号	破折号	波浪连接号	三点指引号
-	=	——	〜	•••

剑号	双剑号	米字号	星号	三星号
†	‡	※	＊	＊＊

章节号	段落号	井号	靶心	括号
§	¶	#	●	（）

方括号	方头括号	单引号	双引号	单书名号
[ ]	〖〗	''	""''	〈〉

大括号
{ }

逃到埃及的异端聂斯脱利派的叙利亚方言

聂斯脱利派文字

叙利亚语是在土耳其地区使用的亚拉姆语的方言，由辅音组成。这种叙利亚语也可分成两种方言，起因于5世纪叙利亚基督教教会一分为二时，语言也分裂成两派。西部为雅各派，东部为聂斯脱利派。聂斯脱利派的文字里元音的表记有特别的方式。

亚拉姆语的文字受到腓尼基文字的影响，发明时只用辅音来表记，主要是叙利亚沙漠的游牧民族亚拉姆人使用。公元前12世纪，亚拉姆人建立了小王国，公元前732年被亚述所灭。其语言亚拉姆语被保留下来，在阿契美尼斯王朝时成为波斯的官方语言。耶稣基督（前4?~公元30/33）似乎也使用过亚拉姆语。纳巴泰人的亚拉姆语也影响了阿拉伯语的文字体系。同样源自腓尼基文字的另一支则和柏柏尔语文字发生了关系，融合发展。

君士坦丁堡大主教聂斯脱利（Nestorius，386~451）认为单纯把马利亚当成耶稣的母亲，比把她当成"神之母"更为妥当。431年，以弗所会议宣判聂斯脱利为异端分子，将他放逐到埃及，因此而产生了聂斯脱利派。后来，聂斯脱利派逃到伊斯兰文化圈继续活跃，也传到唐朝时期的中国，以"景教"身份复苏。

Ālaph	Bēth	Gāmal	Dālath	He
Waw	Sain	Chēth	Tēth	Jodh
Kaph	Kaph	Lamada	Mīn	Mīn
Nūn	Nūn	Ssemkath	Ē	Phē
Ssādhē	Qōph	Rēsch	Shīn	Taw

犹太神秘主义中的神圣文字
希伯来文字

犹太民族于公元前10世纪左右参考腓尼基文字创造了古希伯来文字，但是，公元前6世纪的巴比伦之囚事件之后，开始使用阿拉伯语，希伯来语只在一部分区域继续使用。后来犹太人回到巴勒斯坦，在公元前2世纪时，从亚拉姆文字发展出方形的希伯来文字。《旧约圣经》就是用这种文字写成的。为了方便阅读《圣经》的内容，又逐渐发展出了元音系统，由右往左横式书写。

虽然《圣经》以神圣的希伯来文字写成，但希伯来文字在中世纪欧洲却完全不受重视。直到文艺复兴时期，被认为记下神的话语而流传下来的希伯来文，才以神秘的文字身份复苏。犹太神秘主义的神秘系统卡巴拉（犹太神秘哲学的教义）用希伯来语的22个字母来替换或重新组合，试图解读神的话。方法之一的替换法

（Gematria）认为，每一个希伯来文字和希腊文字相同，被赋予一个数值，计算出单字的数值后，总数有其新的意义。右页的（）内就是每个字被赋予的数值。新拼法（Notarikon）则认为所有的希伯来文字都是其他单字的第一个字母，试图从一个拼音里找出新的解释。互换法（Temurah）则类似重组字，即将单词或片语内的字母重新排列组合，创造出新的单词或片语。

第二次世界大战中，叙利亚的犹太人还靠卡巴拉来预测逼近的德军以后的动向。他们将Syria（叙利亚）替换成希伯来语的拼音，结果导出Russia（俄罗斯；英文的Syria和Russia虽然相似，但此说却一点也没道理），因此认为德国侵略中东前，必先进攻苏维埃政权。而且，事情果真如他们预测的那样发生了。

Aleph(1)	Bayt(2)	Ghimel (3)	Dallet(4)	Hay(5)
א	כ	נ	ד	ה
Vav(6)	Zayn(7)	Hhayt(8)	Tayt(9)	Yod(10)
ו	ז	ח	ט	י
Khaf(20)	Lammed(30)	Mem(40)	Noun(50)	Sammekli (60)
כ	ל	מ	נ	ס
Ayn(70)	Phay(80)	Tsadde(90)	Qof(100)	Raysh(200)
ע	פ	צ	ק	ר
Seen(300)	Tav(400)	final Khaf(500)	final Mem(600)	final Noun(700)
ש	ת	ך	ם	ן
final Phay(800)	final Tsadde(900)			
ף	ץ			

生存于北美的湿地麻雀
鸣叫的音节

小鸟是如何学会鸣叫的？根据威廉·桑伯（William Sonb）和彼德·罗伯特·马勒（Peter Robert Marler, 1928~2014）的分析，从幼鸟的片断哭泣声到长大为成鸟前的可塑期歌声，再到成鸟的成型鸣唱的过程来看，小鸟在幼鸟时期，便开始记忆并学习父母亲的叫声，并且可以把听到的鸣叫声分解成一个个音节，再重新组合，创造出新的声音。换句话说，它们会模仿并发明。即使相同种类的鸟在不同的栖息地，叫声也会有所变化。换言之，这就是小鸟的方言。

求爱和守护自己的地盘是小鸟唱歌的目的。这些歌有各式各样的变奏，但意思却可能是类似的，传达的内容其实只有两种："我爱你"和"别过来"。自称"马勒是我的老师"的冈谷一夫（1959~）把小鸟为求爱和守护地盘所唱的歌与人类获得语言的过程进行比较。从对十姐妹的研究得知，雌鸟会选择唱复杂歌曲的雄鸟。虽然只表达一个意思，但却有单纯和复杂之分，并由此衍生出许多形式（文法）吧。从这里可以推导出性淘汰说。在还没有语言的时候，人类过着集体生活，那时的求爱行动也是以声音来表现。只要发出够大的声音应该就能让更多的女性（或男性）听到。这些声音后来变成歌唱，变成舞蹈，演变成各式各样的求爱技巧。女性（或男性）自动被洗练的歌手和舞蹈家所吸引，其他女性（或男性）被淘汰。这些技巧自动演化成有意义的单音节，因为这样沟通就会变得比较容易。这样解释语言的诞生似乎是一种颇具吸引力的原创说法。

右页以湿地麻雀（学名Melospiza Georgiana）的声纹音节为例。湿地麻雀分布于美国东北部和加拿大的湖泊与沼泽地，歌唱时，声音似缓慢的震动。

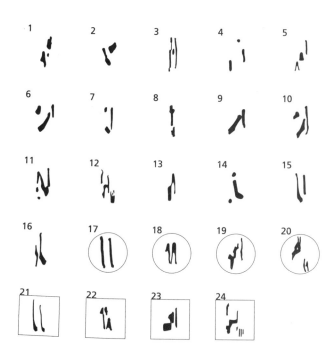

无记号——训练用的成鸟的音节
○——幼鸟在长大为成鸟前夕的可塑性歌声
□——幼鸟长大为成鸟的完整歌声

参考文献

★ 莫尔斯电码 ——『セレクト版第2版 記号の事典』江川清＋青木隆＋平田嘉男編、三省堂、1987→（1）／『世界の文字の図典』世界の文字研究会編、吉川弘文館、1993→（2）／『マドロスはなぜ縞のシャツを着るのか』飯島幸人著、論創社、2000／『おもしろくてためになる 単位と記号雑学事典』白鳥敬著、2001／『ちくまライブラリー59 ガリレオたちの仕事場』金子務著、筑摩書房、1991→（3）

★ 電信暗号 ——『暗号攻防史』ルドルフ・キッペンハーン著、赤根洋子訳、文春文庫、2001／（1）

★ 点字——『イメージの冒険3 文字——文字の謎と魅力』河出書房新社、1978→（4）／『江戸川乱歩全集1 屋根裏の散歩者』「二銭銅貨」江戸川乱歩著、講談社、1969／（1）／（2）

★ 二進制——『暗号解読——ロゼッタストーンから電子暗号まで』サイモン・シン著、青木薫訳、新潮社、2001

★ 皮特曼式速記术 ——『The Alphabetic Labyrinth——The Letters in History and Imagination』Johanna Drucker、Thames and Hudson、1995→（5）／（1）／（2）／（3）／（4）

★ 动作学 ——『世界のグラフィックデザイン1 ヴィジュアルコミュニケーション』杉浦康平＋松岡正剛編著、講談社、1976

★ 柏柏尔文字 ——『句読点おもしろ事典』大類雅敏著、一光社、1988／（1）／（2）

★ 标点符号 ——（2）

★ 聂斯脱利派文字 ——（2）

★ 希伯来文字 ——『世界教養全集20 魔法——その歴史と正体』カート・セリグマン著、平凡社、1961／『世界言語文化図鑑——世界の言語の起源と伝播』バーナード・コムリー＋スティーヴン・マシューズ＋マリア・ポリンスキー編、武田房訳、東洋書林、1999／『世界神秘学事典』荒俣宏編著、平河出版社、1981／（2）／（5）

★ 鸣叫的音节 ——『動物たちの話し声——音声とコミュニケーションの研究』アイケル・ブライト著、熊田清子訳、どうぶつ社、1986／『岩波科学ライブラリー92 小鳥の歌からヒトの言葉へ』岡ノ谷一夫著、岩波書店、2003

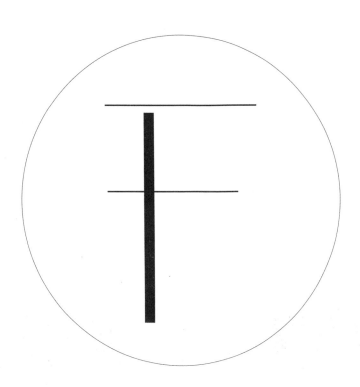

F-1 Cryptography by Edgar Allan Poe

以频率分析来解读的爱伦·坡的
金甲虫暗号

爱伦·坡（Edgar Allan Poe, 1809~1849）的《莫格街凶杀案》（*The Murders in the Rue Morgue*）于1841年刊登在他自己编辑的《格雷厄姆杂志》（*Graham Magazine*）上，被认为是世界第一部推理小说。获得好评后，他成为专职作家。在其后的8年专职作家生涯中，他耽溺于酒和麻药，但还是留下了许多作品。

在还没成为作家的1839年，他曾给费城的《亚历山大每周信使》（*Alexander's Weekly Messenger*）投稿，宣称能够解读所有单字母替代密码，引起很大的反响，也收到了很多密码文章。爱伦·坡以字母出现的频率分析，几乎解读了所有的密码文章，这让他拥有许多崇拜者。

利用这种密码知识，爱伦·坡创作并发表了《金甲虫》（*The Gold Bug*, 1843）。主角伦格朗在海边捡到了羊皮纸，火烤后浮现密码，用频率分析顺利解读出海盗威廉·基德（William Kidd, 1654~1701）藏宝地。19世纪的美国正处于所谓"西部开拓"的梦想和冒险的历史脉络中，存在许多类似的故事。《金甲虫》里的字母使用频率顺序为：eaoidhnrstuycfglmwbkpqxz。这里没有"j"和"v"，我所查找的资料里就没有。资料来源是亚伯拉罕·里斯（Abraham Rees, 1743~1825）所编

的《百科全书》（*The Cyclopaedia*, 1802）中的词条"Cipher"，撰写词条的人是英国外科医生威廉·布莱尔（William Blair）。"a"和"o"位置应该互换，可能是爱伦·坡的笔误。但是，随着统计数量的增加，顺序又会变成"etoanrishdl"或者"etaonisrhld"，"t"都排在第二位，紧跟在"e"之后。这样的频率分析让时常出现的"the"更容易被解读出来。

被解读出来的密码原文为：A good glass in the bishop's hostel in the devil's seat forty-one degrees and thirteen minutes northeast and by north main branch seventh limb east side shoot from the left eye of the death's head a bee-line from the tree through the shot fifty feet out.（在主教旅馆的恶魔座位上，用一副精良的眼镜往41度13分东北偏北侧主要枝干第七根亚枝的东面，从骷髅头左眼射击由树前引一直线通过子弹延伸50英尺。）

柯南·道尔（Arthur Conan Doyle, 1859~1930）的福尔摩斯系列之《跳舞的人》（*The Adventure of the Dancing Men*）里也出现了用频率分析解读的人形密码。手持旗帜的人代表单词之间的间隔。

右页图中的字母"JKQXZ"对应密码为空白，只是因为爱伦·坡在作品中没有提及。

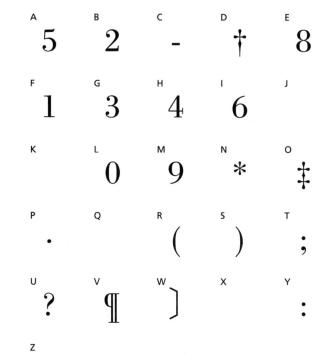

A 5

B 2

C -

D †

E 8

F 1

G 3

H 4

I 6

J

K

L 0

M 9

N *

O ‡

P .

Q

R (

S)

T ;

U ?

V ¶

W]

X

Y :

Z

宣告单字母替换密码时代结束的
玛丽女王的暗号

16世纪时，苏格兰女王玛丽（1542~1587）卷入英格兰王位继承权的争夺、苏格兰天主教和英格兰新教之间的宗教战争，命运坎坷。在政治争夺的旋涡中，玛丽向伊丽莎白一世女王寻求政治保护，反而被捕，囚禁了18年。另一方面，英格兰也有很多追随玛丽的天主教徒，他们利用密码与玛丽进行通信。

这套密码系统是将23个字母和36个词语以符号来代替。因为是融合密码（cipher＝变换字符）和代码（code＝变换词语），故称为"术语密码系统"。

密码通信的目的是预谋暗杀伊丽莎白，救出玛丽并继承王位，但密码被伊丽莎白的人给解开了。就像纳粹依赖恩尼格玛密码机传送重要信息而自掘坟墓一样，玛丽也中了伊丽莎白的圈套，在密码文字中轻率地写明同伙的名字等信息，结果全部被逮捕，还被处以残酷的刑罚，玛丽也因此而被斩首。这就是"巴宾顿阴谋事件"。安东尼·巴宾顿（Anthony Babington, 1561~1586）是天主教徒，也是反对伊丽莎白的贵族，是这个阴谋的主谋。此一事件突显出单字母简单替换密码已经跟不上时代，多字母复杂替换密码的时代因而到来。

被伊丽莎白女王提拔为负责密码解读官员的托马斯·菲利普斯（Thomas Phelippes），是一位能运用频率分析5个国家语言的高手。他轻松地解开了玛丽想暗杀伊丽莎白的阴谋信，这封信后来被加上砍头台的印记"П"。

巴宾顿阴谋事件中的谋反者被处以极残虐的死刑。有传闻说玛丽女王不但眼睁睁地看着自己的内脏被取出，阴部被割下，还全身被切开，活生生地撕裂成八块。

→ 金甲虫暗号　042
→ 查理曼暗号　226

亨利·查维克的棒球记录法
棒球的计分记号

根据美国《迪克森棒球辞典》，1861年亨利·查维克（Henry Chadwick, 1824~1908）编纂了棒球规则，发明了个人成绩表、记法。先以各用语名称的第一个字母来决定符号。飞球（fly）为"F"，失误（error）为"E"。因为"F"已被使用，所以界外球（foul）以字尾的"L"来表示。因为盗垒（stolen base）和牺牲打（sacrifice）已使用了

"S"，三振（strikeout）就选了最突出的字母"K"来表示。也有说法认为"K"刚好三划，代表三振。

日本的职业棒球有直木法和山内法。直木法是由庆应大学毕业生直木松太郎参考查维克的记录法，并加以创新发明的。山内法则是前太平洋联盟记录部长山内以九士（1902~?）延续直木法并加以发展而成。

投手	直球未挥棒	直球挥棒落空	界外球	挥棒落空
P	✕	⚹	△	⊙

短打失败	坏球	安打	内野安打	二垒打
△̇	●	╱	◠╱	⟩

三垒打	本垒打	滚地球	直飞球	高飞球
∧	◇	‿	─	⌒

界外飞球被捕手接杀	三振	四球	失误	不死三振
f̂	K	B	E	Ƙ

盗垒、牺牲打	一出局	二出局	三出局	得分
S	1	2	3	○

残垒
ℓ

发明6种棋子的霍华德·斯坦顿的
国际象棋棋谱记号

古代印度的象棋在6世纪传到波斯，发展出一种名为恰图兰卡（Chaturanga）的游戏，以掷骰子的方式移动象、马、战车、步兵4种棋子的游戏。这种游戏可能是中国象棋、日本象棋和国际象棋的根源。棋盘的基本形式是8×8格。

国际象棋的6种棋子（王、后、车、象、马、兵）是英国人霍华德·斯坦顿（Howard Staunton，1810~1874）1849年发明的。右页收录的国际象棋符号是世界国际象棋联盟1981年颁布使用的"国际用"棋谱标准记号。

马塞尔·杜尚（Marcel Duchamp，1887~1968，20世纪实验艺术的先驱）的真实职业是国际象棋手，他连艺术作品名称也爱用国际象棋术语。例如，把蒙娜丽莎加上胡子的作品命名为"L.H.O.O.Q."，实际上就是ROOK（车，或译城堡）。《泉》上面署名"R. Matt"的"Mat"在法文中是"将死"的意思，R当然是ROOK，即"用城堡将死对方"。ROOK来自日耳曼的神ROOK（光耀者），是个拥有技艺、武术、魔法、统治能力、君王道等的全能者。崇拜ROOK的风潮曾风靡欧洲各地。

吃子	将军	将死	成	升变
:	+	×	/	=

混战	白子略占上风	白子优势	黑子略占上风	黑子优势
∞	±	±	∓	∓

出子优势	攻击	主动	反击	迫移
↻	→	↑	⇄	⊙

好着	错着	作战	唯一着	更优着
!	?	△	□	◠

中心	王翼	后翼	残局	从黑的棋步开始说明
⊞	≪	≫	⊥	···

参照
—

采用阿拉伯数字后衍生出的
数学符号

数学的基础符号阿拉伯数字原本是印度人发明的，12世纪时传到欧洲。欧洲人经由阿拉伯人接触到这些符号，所以生于英格兰的约翰尼斯·德·赛科诺伯斯克（Johannes de Sacrobosco, 1195~1256）在《通俗阿拉伯计数法》（*Algorismus vulgaris*）一书中将之称为"阿拉伯数字"。这成为被普遍接受的说法。意大利数学家斐波那契（Leonardo Fibonacci, 1175~1250?）最早认识到阿拉伯数字的重要性，但是那时候欧洲使用希腊数字和罗马数字已有很久的历史，阿拉伯数字并不普及。直到16世纪，阿拉伯数字才被全面采用。

未知数"X"大概算是数学符号中最重要的记号了，它的出现让代数学有了快速的发展。1591年，法国人维达（François Viète, 1540~1603）提议以元音字母代表未知数，以辅音字母来表示已知数，确立了方程式的构造。笛卡儿（René Descartes, 1596~1650）根据这个提议将未知量定为"x、y、z"，已知量为"a、b、c"。

十 一（加减）最早出现在德国人约翰·维德曼（Johann Vidman, 1462~1498）所著的《商业平易计算大全》（1489）中。最早不是作为演算符号，只是单纯表示超出与不足。当成计算符号使用，始于范德尔·富科（Vander Hoecke）。

× ÷（乘除）17世纪，英国人爱德华·赖特（Edward Wright, 1561~1615）率先使用大写字母"X"作为乘号。英国人威廉·奥特雷（William Oughtred, 1574~1660）所著的《数学之钥》（1631）中已出现和现在相同的"×"。据说他是看到教会的十字架而联想到的。瑞士人约翰·雷恩（Johann Rahn, 1622~1676）1659年开始使用"÷"。"·"是德国人雷乔蒙塔努斯（Regiomontanus, 本名Johannes Müller, 1436~1476）于1463年开始使用的。莱布尼茨认为"×"和"X"容易混淆，以"·"代乘，"÷"则以"："来代替。

＝（等号）最早见于英国人罗伯特·雷克特（Robert Record, 1510~1558）的《智慧的磐石》（1577），开始很像是"Z"。

∽（相似）只是把英文的similar的"s"变成横躺而已。莱布尼茨以"∽"和"⌒"来表示相似的意思。

≡（恒等）18世纪，相似符号"⌒"和"＝"被合并起来成为恒等符号"≌"。匈牙利人波尔约（Farkas Bolyai, 1775~1856）把它改成"＝"。

∶（比）由奥特雷发明，德国人克里斯蒂安·克尔夫（Christian Kulf）确定。

＞（大于号）出自英国人哈里奥特（Thomas Harriot, 1560~1621）著的《演习解析术》（1631）。

∞（无穷大）最初出自英国人约翰·沃利斯（John Wallis, 1616~1703）的《无限的算术》（1655），从意为1000的罗马数字"CIƆ"变化而来。

√（平方根）是"radix"（根）首字母"r"的变形，最早使用"R"来表示。√2就是R2。√最早见于捷克人鲁道夫（Christoff Rudolff, 1500?~1545）所著的《Coss》（1525）。$X^0=1$也是他最早提出的。

∑（求和）由瑞士人莱昂纳德·欧拉（Leonhard Euler, 1707~1783）从"sum"（求和）的首字母"s"联想得来。

e（自然对数的底），又称"纳皮尔常数"。1768年德国人兰贝特（Johann Henrich Lambert, 1728~1777）证明e是无理数。1873年法国人艾特（Charles Hermite, 1822~1901）证明它是超越数。

i（虚数）也是欧拉首先使用的。1799年，德国人高斯（Johann Carl Friedrich Gauss, 1777~1855）将它普及化。

π（圆周率）最初出现在18世纪英国人威廉·琼斯（William Jones, 1675~1749）的《新数学入门》中，源自希腊文περιφερη（圆周）。半径r（radius）为拉丁文中光线的意思。1569年法国人兰姆斯（Peter Ramus, 1515~1572）开始使用。

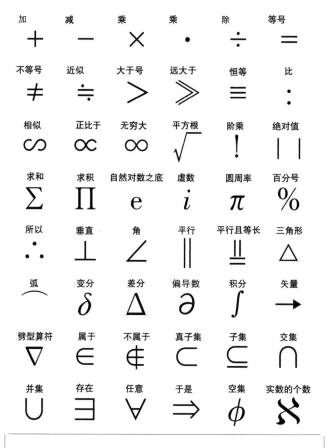

加	减	乘	乘	除	等号
+	−	×	·	÷	=
不等号	近似	大于号	远大于	恒等	比
≠	≒	>	≫	≡	:
相似	正比于	无穷大	平方根	阶乘	绝对值
∽	∝	∞	√	!	| |
求和	求积	自然对数之底	虚数	圆周率	百分号
Σ	Π	e	i	π	%
所以	垂直	角	平行	平行且等长	三角形
∴	⊥	∠	∥	$\overset{\parallel}{=}$	△
弧	变分	差分	偏导数	积分	矢量
⌒	δ	Δ	∂	∫	→
劈型算符	属于	不属于	真子集	子集	交集
∇	∈	∉	⊂	⊆	∩
并集	存在	任意	于是	空集	实数的个数
∪	∃	∀	⇒	φ	ℵ

%（百分号），来自拉丁文procentum。17世纪时cent（100）简略成“cto”，“t”后来变成一条线，形成“%”。

∴（证明时的“所以”）出自雷恩（Johann Rahn）的《代数》（1659）。

⊥（垂直）最初是1634年法国人艾里功（Pierre Herigone, 1580~1643）在证明毕达哥拉斯（Pythagoras, 前570?~前495?）的定理时使用。

∠ =（角和平行），分别在1657年、1677年由奥特雷开始使用。

∫（积分记号）是1675年莱布尼茨从拉丁文summa首字母“s”联想得来。

→（矢量）是法国人萨迪·卡诺（Nicolas Leonard Sadi Carnot, 1796~1832）发明的。

⊂ ⊆ ∪ ∩ ∈（集合符号）来自union（和）首字母。19世纪意大利人皮亚诺（Giuseppe Peano, 1858~1932）发明。

∀（任意）来自德文alle（任意的）。德国人格哈德·根岑（Gerhard Gentzen, 1909~1945）发明。

∃（存在），英国人伯特兰·罗素（Bertrand Russel, 1872~1970）根据英文exist和德文existieren首字母发明。

△（三角形）这个符号也是来自法国人艾里功（Pierre Herigone）。

δ（变分），19世纪德国人卡尔·维尔斯特拉斯（Karl Theodor Wilhelm Weierstrass, 1815~1897）确立变分法。

∂（偏导数），1841年，德国人雅可比（Carl Gustav Jacob Jacobi, 1804~1851）在雅可比矩阵行列式中根据前人基础重新开始使用。

ℵ（代表实数的个数，aleph），是希伯来文第一个字母。19世纪，德国人康托（Georg Ferdinand Ludwig Philipp Cantor, 1845~1918）开始使用。

由德·索西解读出的
努米底亚文字

公元前7世纪到前6世纪时，现在突尼斯到阿尔及利亚的北非地区曾有个努米底亚王国，其主要城市是迦太基。在公元前3世纪至前2世纪的布匿战争中，罗马帝国打败迦太基，后又灭亡努米底亚。在迦太基发现腓尼基和努米底亚两国的雕刻文字，1843年由德·索西（De Saulcy, 1807~1880）解读成功。

3世纪时，努米底亚地区放弃当时难懂的希腊文，主张使用更大众化的拉丁文。当时还有一些人被尊称为"拉丁教父"。圣奥古斯丁（Aurelius Augustinus, 354~430）就属于这个拉丁教父的系统，他为罗马天主教会的基督教神学打下了基础。

→ 柏柏尔文字　030

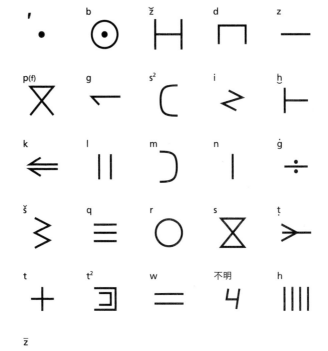

江希张的幻想宇宙目录里刊登的
宇宙文字

1916年，10岁的神童江希张（1907~2004）写了一本《三千大千世界图说》。书的内容是幻想的宇宙目录，用中国历史上的宇宙论详细地解说宇宙星辰，认为宇宙分为上界、中界、下界三层构造。我们所在的世界为中界，上界、下界即一般所认为的天国和地狱。还从太阳系传递信息给太阳系外星球居住的外星人的方法，以及外星人使用的宇宙文字等。

清朝末期，中国和日本一样吹起了全面西化的风潮，社会的所有层面都洋溢着重新审视的精神。中国文字当然也不例外，甚至产生了考虑废除汉字的新文字运动。这本宇宙目录也是时代的宠儿，连鲁迅都曾在文章中评论过江希张。（另有一种说法认为，《三千大千世界图说》是有人冒江希张之名所作。）

	水星文字	三师星文字	摇光星文字	天舍星文字	天笛星文字	天竿星文字
物	⊕		⊗	+	∿	♯
禽			∴	♀	↻	↑
兽	✕		∵	↶	⋧	✳
草		⩊	Ⅲ			
花			⊕			
石			◈			
日					✛	☉
羽						羽

	水星文字	三师星文字	摇光星文字	天舍星文字	天笛星文字	天竿星文字
上	⊥	φ	φ	⊤	⚶	φ
下	⊤	φ	φ	⊥	▽	φ
左		⊖	⊖	⊢		⊖
右		⊖	⊖	⊣		⊖
中	⊙					
天	◎	、	◉	干	⌒	◯
地	◈	ヽヽ	回	土	⨆	▢
东	一·	∞			ᒿ	→
西	·一	∞			ᒿ	←
南	i	8			⋀	
北	!	8			⋁	
鸟	✚					↗
人	⊥	용	∣	✝	⋔	⋀
山	⌒	∧	∴		△	⋀
星	✸	⸜	⸭	⸭	✸	⸭
水	≋	川	⦂⦂⦂		⫴	业
金	♡					
火		⩔	⩔			⩔
木	≋	井				三
土	‖‖	三川				
月		8	⸝⸝	◎		

鲁道夫·冯·拉班的舞谱动作记号

拉班舞谱符号

德国表现主义舞蹈诞生于20世纪初，还出现了未来派，"速度"的概念也变成重要的主题。德国表现主义舞蹈的核心人物鲁道夫·冯·拉班（Rudolf von Laban, 1879~1958）崇尚自由且健康的肉体，使用二十面体研究身体的动作及动作的速度，表现出至今为止舞蹈所没有的"力度"，赋予舞蹈更深层次的意义。

在达达主义和康定斯基（Vasily Kandinsky, 1866~1944）等蓝骑士派人物的影响下，拉班深化了神秘主义的玫瑰十字会的思想，从追求物的意义和本质，转向重视内在，成为德国舞蹈界的先驱。1928年，他发明了一套分析身体运动的记录法，命名为"Kinetografie"。这套记录法彻底地将舞蹈符号化，动作的时机用符号的长短来表现，让有组织的舞蹈变成可能。

记录芭蕾的动作从16世纪的法国开始。单词"coreographic"指的就是舞蹈动作，意思是把原始的舞蹈记录下来。1666年，波山（C. L. Porshan）开发出轨迹描绘法，在欧洲广为流传。但是，要记录复杂的动作是很困难的，拉班的"像乐谱般"的记谱法克服了这些困难。

很有讽刺意味的是，这种以综合分析为目标，深入研究细部的精致图像舞谱被希特勒看上。拉班完全没想到，它会被应用在群众集会的典礼和队伍行进的排列上，让更多的群众卷入悲剧当中。沮丧的拉班深感无辜，但不可否认，根本原因是他们有一个相同的认识："人可以被分解成零件来看待。""Kinetografie"在第二次世界大战后复苏，不仅被应用在舞蹈上，还被应用在人类学、精神医学等需要研究动作的领域。

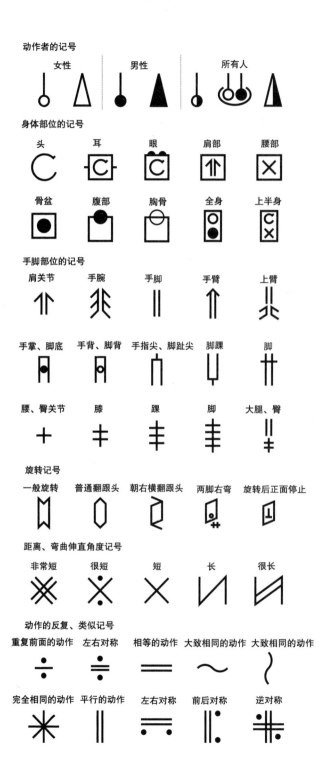

动作者的记号

女性　　　男性　　　所有人

身体部位的记号

头　　耳　　眼　　肩部　　腰部

骨盆　　腹部　　胸骨　　全身　　上半身

手脚部位的记号

肩关节　　手腕　　手脚　　手臂　　上臂

手掌、脚底　　手背、脚背　　手指尖、脚趾尖　　脚踝　　脚

腰、臀关节　　膝　　踝　　脚　　大腿、臀

旋转记号

一般旋转　　普通翻跟头　　朝右横翻跟头　　两脚右弯　　旋转后正面停止

距离、弯曲伸直角度记号

非常短　　很短　　短　　长　　很长

动作的反复、类似记号

重复前面的动作　　左右对称　　相等的动作　　大致相同的动作　　大致相同的动作

完全相同的动作　　平行的动作　　左右对称　　前后对称　　逆对称

电路的图示记号
电气符号

日本在1949年制定了"常用电气符号"国家标准，用来图示标记电路的连接等。1951年，日本工业规格（JIS）增加了常用电气符号之外的一些特殊符号。1965年，日本国家标准和日本工业规格统一了电气用图示记号。1982年再次修订。

1 常用符号
2 组合用图符号
3 电路元件符号
4 电子零件符号
5 音响设备、振荡器
6 理论电路符号
7 概略图符号
8 通讯符号
9 电力符号
10 屋内配线图符号

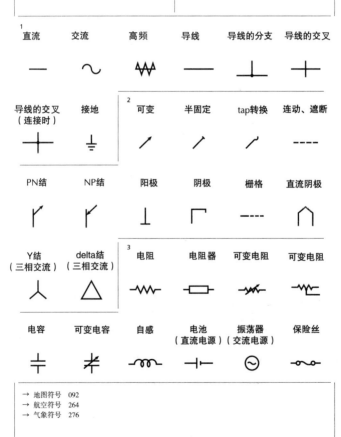

1

| 直流 | 交流 | 高频 | 导线 | 导线的分支 | 导线的交叉 |

| 导线的交叉（连接时） | 接地 | **2** 可变 | 半固定 | tap转换 | 连动、遮断 |

| PN结 | NP结 | 阳极 | 阴极 | 栅格 | 直流阴极 |

| Y结（三相交流） | delta结（三相交流） | **3** 电阻 | 电阻器 | 可变电阻 | 可变电阻 |

| 电容 | 可变电容 | 自感 | 电池（直流电源） | 振荡器（交流电源） | 保险丝 |

→ 地图符号　092
→ 航空符号　264
→ 气象符号　276

变压器	4 二极管	齐纳二极管	定电流二极管	光电二极管	发光二极管

光电池	交流不感应型继电器线图	隧道二极管	电晶体	闸流管	正孔素子

双向触发二极管（对相parista）	三极晶体闸流管	PNP晶体管	结型场效应管	氖管	光电管

5 麦克风	耳机（听筒）	头戴式耳机	扩音器	单声道磁头	磁录音头

记录器、再生器	铃	蜂鸣器	振荡器	水晶振荡器	6 与门

或门	加法器	7 增幅器	变压器	阴极射线管	8 端局

无线局	太空局	地球局	天线	回路天线	折式天线

抛物面天线	电话	传真接收器	9 直流电动机	单相变压器	整流元件

遮断器	10 荧光灯	墙上插孔	配电盘	开关

病历本身就有图表的意思
医学符号

外科手术发明了"麻醉法"和"无菌法",拉开了近代医学的序幕。此前并没有规定手术前医生必须洗手,只是要求穿着标准的白袍,对患者进行如下地狱般疼痛的手术。大多手术都是如此。那时候手术的死亡率高达45%。

让患者在手术中入眠,对患者和医生都有好处。这是以前就有的想法,但是却没有方法实现。1799年,英国人戴维(Humphry Davy, 1778~1829)发现了一氧化二氮,也就是所谓的"笑气"有麻醉作用。1844年,对"笑气"很关注的美国人威尔斯(Horace Wells, 1815~1848)开始进行相关的实验。威尔斯的牙医朋友摩顿(William T.G. Morton, 1819~1868)接受老师杰克森(C. T. Jackson)的建议,于1846年用乙醚取代"笑气"进行手术,取得成功。其实,美国人朗(Craford Williamson Long, 1815~1878)早在1842年就在手术中使用了乙醚,只不过摩顿的积极宣扬让其效果传遍欧洲各地。1947年,英国人辛普森(James Young Simpson, 1811~1870)将法国人史贝朗(Eugène Soubeiran)制作的氯仿(1831)当作麻醉药来使用。

无菌法最早出现在1847年,维也纳的妇产科医师塞麦尔维斯(Ignaz Philipp Semmelweis, 1818~1865)规定从事接生的人都要用氯化钙溶液洗手。英国人李斯特(Joseph Lister, 1827~1912)为了预防伤口化脓,于1867年提出在伤口处涂上石炭酸的方法。微生物学家巴斯德(Louis Pasteur, 1822~1895)宣扬医院内应保证完善的清洁状态,除了洗手,器具和绷带等也要煮沸消毒等。1886年,巴黎的外科医师特利勇和特里埃接受此方法。从此,无菌法开始广为流传。

在无菌法确立的过程中有两大发明很重要。一个是医用钳子。1864年,法国人库柏(Cooper)发明了"止血钳",贝安(Pean)加以改良。这样,医师就不用直接用手接触病患的伤部来进行手术。另一个是美国人豪斯特(William Stewart Halstead, 1852~1922)首次使用的橡胶手套。1890年,法国人香波(Chapus)将之改良成可以长久使用的橡胶手套,完善了无菌法。

右页图为医疗场所及病历(chart)中的一些符号。

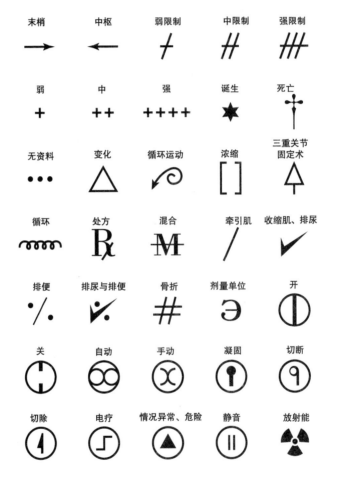

末梢	中枢	弱限制	中限制	强限制
→	←			

弱	中	强	诞生	死亡
+	++	++++	✦	

无资料	变化	循环运动	浓缩	三重关节 固定术
• • •	△		[ ]	

循环	处方	混合	牵引肌	收缩肌、排尿
	℞	ℳ	/	✔

排便	排尿与排便	骨折	剂量单位	开
		#	Ɜ	

关	自动	手动	凝固	切断

切除	电疗	情况异常、危险	静音	放射能

以希腊众神名字首字母作为符号的
炼金术符号

炼金术士为了寻找把常见金属转变成稀有金属的秘方，积极地研究自然界隐藏的秘密，这对初期的实验化学的发展有不少的贡献。"alchemy"（炼金术）源自阿拉伯文"el-kimyâ"，意为"合成金属的方法"，也就是古埃及的"khem"（黑土）加上希腊文的金属，形成的"kyumya"。可以说这个词语形成的过程本身就是炼金术的历史。

炼金术理论最早出现在美索不达米亚，后来在希腊的科学精神下蓬勃发展。基督教的聂斯脱利派被认为是异端，炼金术因而随之经由埃及传播到伊斯兰世界，在阿拉伯发扬光大。12世纪时因撒拉逊人的入侵和十字军的侵略，炼金术又从阿拉伯传到中世纪的欧洲。1144年，英国阿拉伯语专家切斯特的罗伯特（Robert of Chester）将莫利恩努斯（Morienus）的《炼金术之书》（*Liber de compositione alchimiae*）从阿拉伯文翻译成拉丁文并出版。这是欧洲出现的最早的炼金术书。到文艺复兴时，炼金术士和占星师同样获得贵族的特别礼遇，物质和精神的待遇都变得更高。但随着近代科学的萌芽，炼金术转变成隐秘的哲学。

这些符号是炼金术士向弟子传授此类关于物质组成的隐秘法术时，发明出来的密码。因为所有的内容都是秘密，故学问本身就充满着神秘的象征色彩。因为炼金术发源于古代埃及，所以很多符号来自埃及的象形文字。此外，7个主要金属的符号中，除了金、银，其他5个都来自希腊神话中神的名字首字母。水银=水星=∑，来自赫耳墨斯。铜=金星=Φ，来自阿佛洛狄忒。铁=火星=θ，来自阿瑞斯。铅=土星=Kρ，来自克洛诺斯前两个字母。锡=木星=Z，就是宙斯。

下表是太阳系五大行星符号的变迁过程，从左至右。由上到下依序为水星、金星、火星、土星、木星。

Σ	⚴	☿	☿	☿	☿
Φ	φ	♀	♀	♀	
Θ	♁	⊙	♂	♂	♂
Kρ	♃	♄	♄	♄	
Z	Z♭	Z♭	♃	♃	

→ 占星术符号　260

锡	氨草胶	铅锡合金	铁	白铅	硼砂
钾	油	硫酸	石灰	滑石	硫酸铁
水	硝酸	蓝铜矿	砷	砷	明矾
明矾	锑	石灰	盐酸盐	石灰	碱
钢铁	硫酸盐矿	汞齐	砒霜	醋酸	碱液
玻璃	硫黄	气体	沉淀物	升华	铅
醋酸铜	锑	铜	金属	酒精	红铁矿
铅丹	醋酸铜结晶	橄榄油	回火	尿	番红花色的铜
硫黄	沉淀物				

| 金 | 银 | 水银 | 铜 | 铁 | 锡 |
| 铅 | | | | | |

★金甲虫暗号──『暗号攻防史』ルドルフ・キッペンハーン著、赤根洋子訳、文春文庫、2001→（1）／『暗号解読──ロゼッタストーンから電子暗号まで』サイモン・シン著、青木薫訳、新潮社、2001→（2）／『暗号解読入門──歴史と人物からその謎を読み解く』高川敏雄著、PHP研究所、2003→（3）／『黒猫・黄金虫』エドガー・アラン・ポー著、佐々木直次郎訳、新潮文庫、1950／『解読古代文字』矢島文夫著、ちくま学芸文庫、1999／『数理科学　1975年12月号暗号』「ポーとヴェルヌの解読問題」長田順行、サイエンス社、1975

★玛丽女王的暗号 ──（1）／（2）／（3）

★棒球的计分记号 ──『セレクト版第2版　記号の事典』江川清＋青木隆＋平田嘉男編、三省堂、1987→（4）／（2）

★国际象棋棋谱记号 ──『ケルト／装飾的思考』鶴岡真弓著、筑摩書房、1989／（4）

★数学符号──『なっとくする数学記号　記号からわかる算数から微積分まで』黒木哲徳著、講談社、2001／『ちくまライブラリー59　ガリレオたちの仕事場』金子務著、筑摩書房、1991→（5）／『科学の考古学──その底辺を掘りおこす』平田寛著、中公新書、1979→（6）／（4）

★努米底亚文字 ──『世界の文字の図典』世界の文字研究会編、吉川弘文館、1993／『文字の世界史』ルイ・ジャン・カルヴェ著、矢島文夫監訳、会津洋＋前島和也訳、河出書房新社、1998／『日本の自然崇拝、西洋のアニミズム──宗教と文明　非西洋的な宗教理解への誘い』保坂幸博著、新評論、2003

★宇宙文字──『桃源郷の機械学』武田雅哉著、作品社、1995／『蒼頡たちの宴──漢字の神話とユートピア』武田雅哉著、筑摩書房、1994

★拉班舞谱符号 ──（4）

★电气符号 ──（4）

★医学符号──『シンボルの原典』ヘンリー・ドレイファス編、八木茜訳、グラフィック社、1973／『外科学の歴史』クロード・ダレーヌ著、小林武夫＋川村よし子訳、文庫クセジュ、白水社、1988／『医学の歴史』小川鼎三著、中公新書、1964

★炼金术符号──『「知の再発見」双書72　錬金術──おおいなる神秘』アンドレーア・アロマティコ著、種村季弘監修、後藤淳一訳、創元社、1997／（5）／（6）

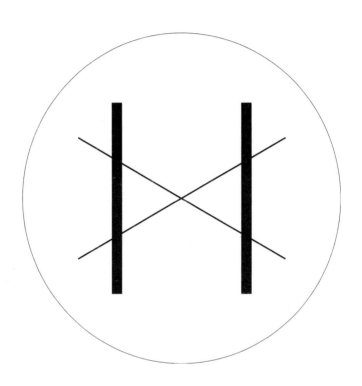

H-1 New Japanese Script Designed by Shokichi Toru

罗马字母和希伯来文字也使用假名

稻留正吉的新日本文字

进入明治时期后，日本出现了重新审视日文的日文近代化运动。许多人试图开发新的国家文字，稻留正吉为其中一人。1919年（大正八年），他自费出版了《取代汉字的新日本文字及其拼写法》。在书中，他认为日本文字已经变成古董文字，为了和世界接轨，日本需要新的文字，所以创作了新文字。他借用了英文字母和希伯来文字等，不足的地方则使用变形的假名，创造出75个基本字。因为硬是把片假名改成欧洲字母，所以也出现了许多看来很扭曲的文字。另外还模仿法文把名词加上性别（男性r、女性π）和数量词，但由于文字的形式变得太多，所以难以普及使用。

新日本文字的小写字母

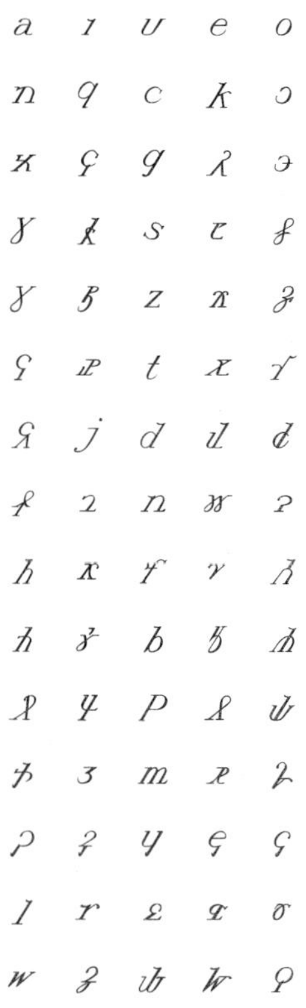

→ 日本新字　212
→ 流水文字　242

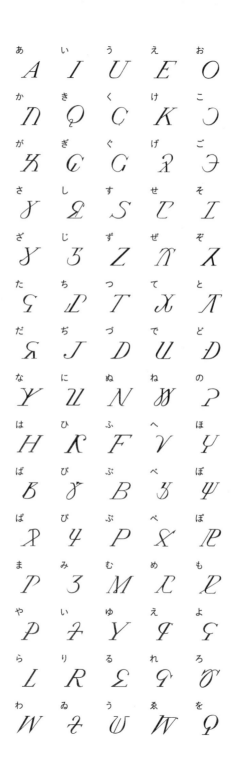

詹姆斯·埃文斯为了协助印第安教育而发明的
克里文字

从英国移居到加拿大的传教士詹姆斯·埃文斯（James Evans, 1801~1846）于1827年在安大略省提倡印第安教育，并于1837年出版《英语和印第安语的拼写法和翻译》。印第安语是多个单词连在一起变成一个单词，用罗马字母表示会变得冗长，这招来英国圣经翻译协会的批评。埃文斯并不气馁，为了让印第安人也能读《圣经》，创造了克里文字。克里指的是安大略省一带的印第安人。克里文字由包含4个元音的44个音节文字和附加的8个辅音构成。

但是，印第安人反感白人的强势压迫作风，政府也从政府的立场考虑，怕有了文字的印第安人会变得聪明，不好控制，结果是埃文斯因此被逐出了加拿大。

之后，虽然被丹尼人（Dene）、欧及布威族（Ojibwe）、因纽特人、乔克托人（Choctaw）、齐佩瓦族（Chippewa）的语言和斯拉夫语有所吸收，克里文字本身现在却已经没有人使用。

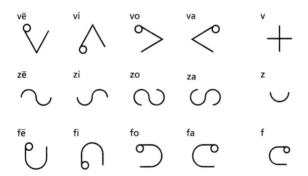

→ 彻罗基文字　214

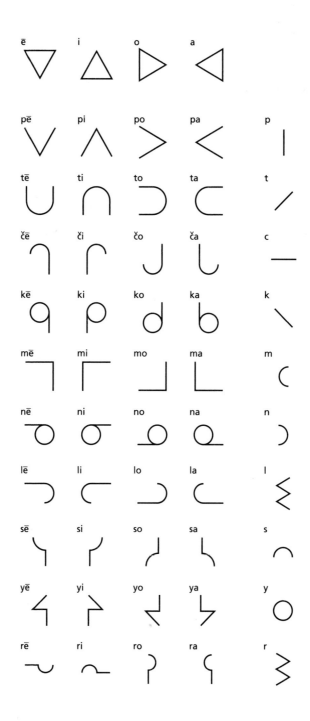

婆罗米文字衍生而来的
布吉文字

布吉语是印度尼西亚的苏拉威西岛上的布吉人使用的语言，随着布吉人的不断迁徙，扩展到马鲁古诸岛、小巽他群岛、加里曼丹岛和苏门答腊岛。

8世纪时，Cavi文字（爪哇的古代文字）诞生，以印度的婆罗米文字体系的一支葛朗塔文字为参考。Cavi文字又衍生出许多种文字。婆罗米文字是从腓尼基文字而来的，然后它演化出的文字因分布地区（北、中央、南、东）而分裂为4种。布吉文字属于南岛语系，辅音加a为基本，元音则以"·<'"为辨别的记号。

随着伊斯兰文化的不断扩张，13世纪时使用阿拉伯文字的地区也越来越广。进入17世纪，欧洲诸国的殖民地文化又渐渐深入，罗马字广为流传。但是，从印度尼西亚来的文字却没有因而消失，继续被使用。

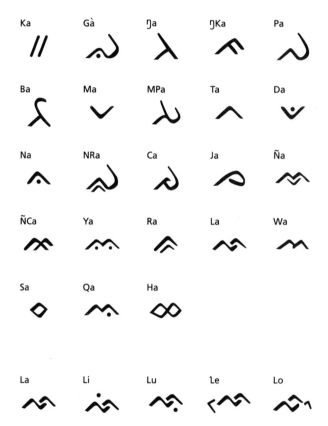

Ka

Gà

ŋa

ŋKa

Pa

Ba

Ma

MPa

Ta

Da

Na

NRa

Ca

Ja

Ña

ÑCa

Ya

Ra

La

Wa

Sa

Qa

Ha

La

Li

Lu

Ɩe

Lo

Le

法兰克·吉尔伯斯的动作记录系统
动素

将人的动作拆解，用简单的符号来表示和记录的系统称为"动素"（therblig）。这个系统的名称是将发明者吉尔伯斯（Frank Bunker Gilberth, 1868~1924）的姓氏"Gilberth"颠倒过来而成。

吉尔伯斯是美国的生产技师。在工厂开始导入装配线，倡导机械化才能带来合理化、高效率的背景下，吉尔伯斯于1911年发明了这个动素符号系统，并且提倡将作业过程以视觉系统来掌管，抽出改善作业中的问题点等科学管理方法。右页图案上方的英文字母为略称。

奥雷姆→笛卡儿→马雷→吉尔伯斯这条线展示了人类动作研究的演进过程。法国里昂的主教奥雷姆（Nicole d'Oresme, 1325~1382）在笛卡儿之前，已使用几何坐标来记录动作，是将人的运动以图表来表示的第一人。笛卡儿研究投影几何学、画法几何学。马雷（Etienne-Jules Marcy, 1830~1904）以连续拍照的方法，用相片来显示运动的轨迹，进而让运动的视觉化更进一步，是位对电影的发展也有贡献的生理学家。他和吉尔伯斯也有交流。以彻底弄清时间和动作为目标的吉尔伯斯创立了把人类的基本动作用17个符号表示的动素记录系统。

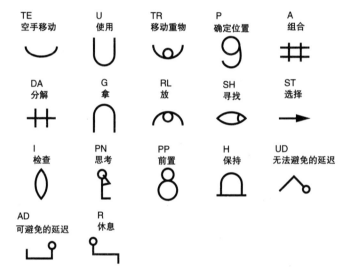

TE
空手移动

U
使用

TR
移动重物

P
确定位置

A
组合

DA
分解

G
拿

RL
放

SH
寻找

ST
选择

I
检查

PN
思考

PP
前置

H
保持

UD
无法避免的延迟

AD
可避免的延迟

R
休息

源自赫尔墨斯的
炼金术密码······1

炼金术最初是基于托勒密宇宙论，也就是地心说构建的。在哥白尼（Nicholaus Copernicus, 1473~1543）提出日心说，并被伽利略（Galileo Galilei, 1564~1642）实验证明后，以地球为中心的同心圆轨道结构开始动摇。不过，最初的炼金术思想被认为是出自神的使者赫尔墨斯。

当时的字母里没有"j"和"v"，因为以前的拉丁（罗马）字母里"i"和"j"是同一个，"u"和"v"也是同一个。"i"和"j"、"u"和"v"自15世纪、16世纪左右才开始区分使用。

拉丁字母原本只有20个字母，其中"G"是在公元前3世纪时由喉音"C"衍生出来的。后来，加上从"+"转化成的"X"，成为21个字母。公元前1世纪，罗马帝国征服希腊，为了吸收希腊文化，"Y"和"Z"就成为必要的，于是变成23个字母。"Y"有时被当成"V"来用。"W"加入字母表则是9世纪左右的事了。

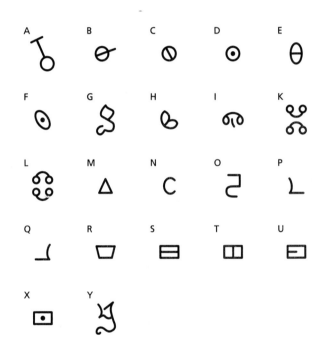

伊斯兰教徒基希米·卡马拉发明的
棉地文字

自19世纪以来，非洲出现了许多文字。或许是因为殖民主义风潮席卷，原住民认为没有自己的文化将惨遭蹂躏而产生了危机意识。这些文字几乎都是由个人发明的，故而根本没机会使用在出版物上，就在殖民主义的浪潮中被强势的罗马文字给淹没了。棉地语是非洲塞拉利昂东南部地区的语言。1860年左右，伊斯兰教徒基希米·卡马拉（Kisimi Kamara）从瓦衣文字和阿拉伯文字中汲取灵感创作了棉地文字，由190个符号组成，由右往左书写。

据说瓦衣文字是住在西非利比里亚的瓦衣族人贝克雷（Momulu Duwalu Bekele）在梦里获得灵感，于1833年发明的，但事实上是以贝克雷为中心的团体想把之前已存在的表意字形努力转成表音文字。1848年，美国的技术员福布斯（F. E. Forbes）发现此一文字，经由非洲语言学家克雷（S. W. Koelle）调查发表后才为一般人所知。

→ 巴母文字　104
→ 曼宁卡文字　144

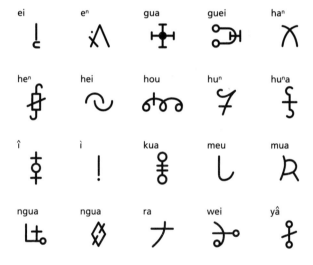

ei	eⁿ	gua	guei	haⁿ
heⁿ	hei	hou	huⁿ	huⁿa
î	ì	kua	meu	mua
ngua	ngua	ra	wei	yâ

骗子乔治·撒玛拉札的
撒玛拉札台湾字母

撒玛拉札（George Psalmanaazaar, 1679?~1763）根本没去过中国台湾，却自许为台湾人，于1704年在伦敦发表了《台湾的历史及地理相关记述》（简称《台湾志》）一书，且成为畅销书。后来被揭穿他其实生于法国，以自己所知的些许内容混合大量的谎言，成功迷惑了英国社会大众，赚取了大把的钞票。大部分的内容是根本不存在的恐怖故事。例如他编造了日本天皇Meriandano的事。Meriandano应该是从迷路（meander）一词自创出来的吧。以这种根本是胡乱编出来的事当成科学的例子，最著名的是因彗星而闻名的哈雷（Edmund Halley, 1656~1742）。撒玛拉札的谎言被揭穿，晚年在编撰学术启蒙书时，他曾谈到自己的欺瞒行为，似乎也很后悔。

这本《台湾志》中出现了台湾字母，一看就知道是从希腊文字、南阿拉伯文字、印度的那加里文字、希伯来文的撒马利亚文字等常见文字拼凑而来的。不知道是不是为了被询问到时能即时应答，这些字母基本上可以用英文字母来替换，而且从右向左书写。台湾被荷兰侵占时期的英文名称是"Formosa"，好像是起源于葡萄牙人初次看到台湾岛时，忍不住喊着"Ilha Formosa"（好美啊，这个岛）。其实葡萄牙人时常把这种话挂在嘴边。撒玛拉札台湾字母的英文名称"The Formosan alphabet"也就是从"Formosa"而来的。

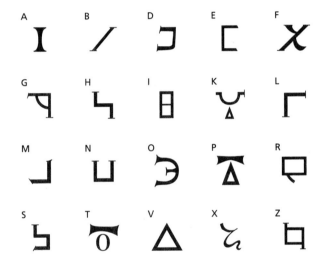

泰国第一个独立王朝素可泰
第三代国王兰甘亨大帝创造的
泰文字

原本外国人称呼泰国为"暹罗",但泰国人厌恶"暹罗"这个名字,自称"Muang Thai"(意为"自由之国")。

泰民族曾由高棉帝国统治。高棉帝国的阇耶跋摩七世(1181~1218年在位)死后,帝国陷入混乱。坤邦钢陶和坤帕满趁机发起叛乱,泰国第一个独立王朝素可泰王朝因而诞生。"素可泰"意为"快乐的开始"。正如名字所示,泰国的历史就是自此开始的,并且因吸收高棉帝国的吴哥文化而繁盛。

素可泰王朝第三代国王兰甘亨大帝(中国史称敢木丁,1279~1298年在位)于1283年改良印度婆罗米文字系统中的一支高棉文字(柬埔寨文字),发明了便于书写的泰文字(也因王朝名称而被称为"素可泰文字")。泰文字由44个辅音组成,21个元音则附标在辅音的四周。泰文字于18世纪完全成型。

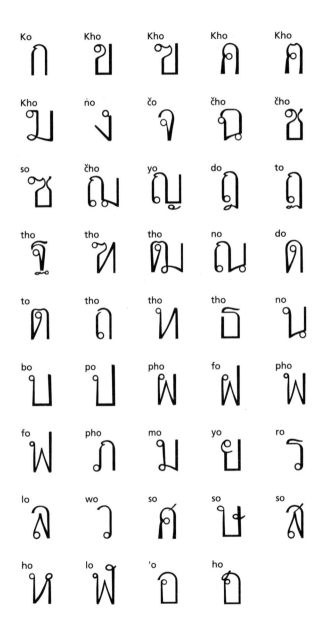

Ko Kho Kho Kho Kho

Kho ṅo čo čho čho

so čho yo do to

tho tho tho no do

to tho tho tho no

bo po pho fo pho

fo pho mo yo ro

lo wo so so so

ho lo 'o ho

阿格里帕的天界通信天使文字……1
穿越天河字母

炼金术的象征体系由暗号术支撑。文艺复兴时期的欧洲哲学家、卡巴拉学者和魔法师阿格里帕（Heinrich Cornelius Agrippa von Nettesheim，1486~1535）撰写的三卷本《神秘学》（*De Occulta Philosophia*，1531~1533）是中世纪炼金术和魔法的集大成之作。这部作品可以说是神秘学百科，现今使用的"神秘学"（occult）一词就是从这里来的。在这本书出现之前，一般认为魔法师的任务是要解开宇宙的法则。阿格里帕在这本书里不但解释了宇宙运行的法则，还为了能积极参与宇宙（天界）体系，提出了和宇宙沟通的文字系统。占星学里出现的黄道（天动说里的太阳轨道）十二宫都是为了和天使通信而存在的。这就是以希伯来文为基础形成的三种天使文字家族。现在最为人熟知的有天上字母（Celestial Alphabet）、玛拉基母字母（Alphabet of Malachim）和穿越天河字母（Alphabet of Crossing the River）。"穿越天河"应该就是"越过冥河到另一个世界"的意思吧。

虽然教皇庇护六世将《神秘学》列为天主教禁书，但因为其内容如百科般丰富，成为被后世历史学家不断引用的十分重要的著作。

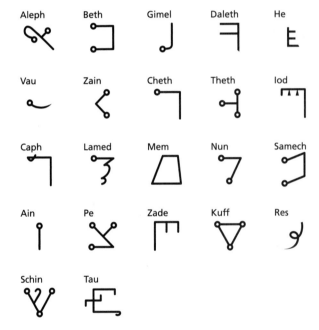

Aleph

Beth

Gimel

Daleth

He

Vau

Zain

Cheth

Theth

Iod

Caph

Lamed

Mem

Nun

Samech

Ain

Pe

Zade

Kuff

Res

Schin

Tau

阿格里帕的天界通信天使文字……2
天上字母

这些字母连同其发音，全是参考希伯来字母创造的。希伯来语中"字母"这个名称本身则来自希腊字母。

基督教在欧洲分裂成罗马天主教和希腊正教的同时，以希腊字母为主的语言和文字体系也分成了拉丁（罗马）文字体系和西里尔（俄罗斯）文字体系。主要继承希腊字母的当然是拉丁体系。

据说著有《大魔法书》的罗马教皇洪诺留三世（Pope Honorius III, 1216~1227年在位）创作过一种天使字母，但真假不明。阿塔纳斯·珂雪（Athanasius Kircher, 1602~1680）的埃及古代文化论著作《埃及的俄狄浦斯》（1652）中曾提到过，却没有给出任何说明。相关细节已经失传，我们只能单纯接受这种天上字母的存在了。

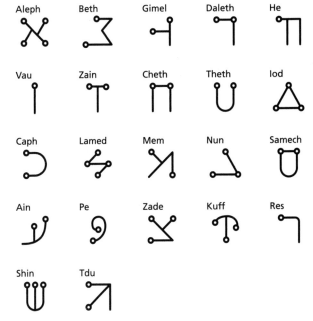

Aleph

Beth

Gimel

Daleth

He

Vau

Zain

Cheth

Theth

Iod

Caph

Lamed

Mem

Nun

Samech

Ain

Pe

Zade

Kuff

Res

Shin

Tdu

阿格里帕的天界通信天使文字……3
玛拉基母字母

阿格里帕《神秘学》的第一卷为自然魔法，第二卷为数学魔法，第三卷为仪式魔法。天使文字记载在仪式魔法一卷中。玛拉基母字母是通过对希伯来字母的改造而形成的，其名称来自《旧约圣经·玛拉基书》的作者玛拉基（Malachi）。他是公元前5世纪时的希伯来先知。玛拉基母字母也被称为"以诺语"（Enoch）。

以诺语是天使和伊甸园的居民之间交谈的语言，也就是天使的语言。传说以诺语是世界上最早存在的语言，能正确发音的人也能施展魔法。因此，相较于书写，以诺语的唱诵功能更受重视，被当作护身符来使用，也被称为"咒语"。

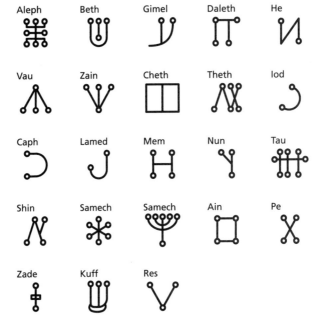

Aleph

Beth

Gimel

Daleth

He

Vau

Zain

Cheth

Theth

Iod

Caph

Lamed

Mem

Nun

Tau

Shin

Samech

Samech

Ain

Pe

Zade

Kuff

Res

★新日本文字──『知的生産の技術』梅棹忠夫著、岩波新書、1969／『日本語大博物館
──悪魔の文学と闘った人々』紀田順一郎著、ジャストシステム、1994

★ 克里文字 ──『世界の文字の図典』世界の文字研究会編、吉川弘文館、1993→
(1) ／『世界言語文化図鑑──世界の言語の起源と伝播』バーナード・コムリー＋ステ
ィーヴン・マシューズ＋マリア・ポリンスキー編、武田房訳、東洋書林、1999→ (2)

★ 布吉文字 ──『文字の世界史』ルイ・ジャン・カルヴェ著、矢島文夫監訳、会津洋
＋前島和也訳、河出書房新社、1998→ (3) ／ (1) ／ (2)

★ 动素 ──『機械化の文化史──ものいわぬものの歴史』ジークフリート・ギ
ーディオン著、栄久庵祥二訳、鹿島出版会、1977／『ビジュアル・コミュニケーション』
藤沢英昭＋瀧本孝雄＋中村裕＋西川潔著、ダヴィッド社、1975

★炼金术密码──『The Alphabetic Labyrinth──The Letters in History and Imagination』
Johanna Drucker、Thames and Hudson、1995→ (4) ／『『知の再発見』双書72 錬金
術──おおいなる神秘』アンドレーア・アロマティコ著、種村季弘監修、後藤淳一訳、
創元社、1997／ (1)

★ 棉地文字 ── (1) ／ (3)

★ 撒玛拉札台湾字母 ──『桃源郷の機械学』武田雅哉著、作品社、1995／『詐欺とペ
テンの大百科』カール・シファキス著、鶴田文訳、青土社、2001

★ 泰文字 ── (1) ／ (3)

★天使文字──『象徴哲学体系Ⅲ　カバラと薔薇十字団』マンリー・P・ホール著、大沼
忠弘＋山田耕士＋吉村正和訳、人文書院、1981／『ジュール・ヴェルヌの暗号──レン
ヌ＝ル＝シャトーの謎と秘密結社』ミシェル・ラミ著、高尾謙史訳、工作舎、1997／
(1) ／ (4)

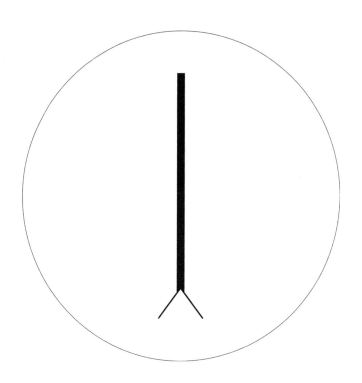

查理·布利斯的视觉语言
西曼特图案

奥图·纽拉特（Otto Neurath, 1882~1945）从象形文字中获得灵感，于1925年开始提倡现代版的图型文字，国际视觉语言系统（ISOTYPE=International System of Typo-graphic Picture Education）。它将任何人都能明白的视觉语言象形文字化。国际视觉语言系统对字体设计师扬·奇肖尔德（Jan Tschichold, 1902~1974）和包豪斯设计大师赫伯特·拜耶（Herbert Bayer, 1900~1985）产生过很大的影响。拜耶在《世界地理地图》中向世人呈现了优秀的印刷图案。国际视觉语言系统是西曼特图案的根源。

查理·布利斯（Charles K. Bliss, 1897~1985）曾在位于维也纳的纽拉特国际视觉语言研究院学习。他曾被关进纳粹集中营，在第二次世界大战时到了上海，开始了解到汉字的表意性，并对研究汉字的构造产生了兴趣，进而思考视觉语言。结果产生了"西曼特图案·布利斯记号"。

西曼特图案比国际视觉语言系统的抽象程度更高，它用100种基本的单一图形组合成沟通系统。还有几种附加符号："□"表示名词、动词、形容词，"∧"表示作用和行为，"∨"表示价值和本质，"×"表示复数形式，")"表示过去式，等等。这些扩大了表达范围。残障人士也能接受这个系统，1975年成立了布利斯符号协会。布利斯本人还协助建立聋哑人的沟通教育。

man	house	day	many	saying
down	feeling	reasoning	negative	exclamation mark
the Creator	seed	and	grass	flower
tree	fruit	fish	in	water
bird	sky	animal	insect	all
creature	beneath	sun	superior	to
give	to	grain	for	food

记号上附带的符号

名词、动词、形容词	作用和行为	价值和本质的评量	复数形式	过去式

从《加泰罗尼亚地图》开始使用的
地图符号

十字军东征后，指南针被运用在航海图绘制上。1375年的《加泰罗尼亚地图》上出现国王、苏丹、建筑物、帆船、旗帜的标记，这应该就是最早在地图上使用的符号吧。黑暗的欧洲中世纪结束，地球是球体的说法复活，地球仪被制造出来。1492年，马丁·倍海姆（Martin Behaim，1459~1507）的地球仪上也画着和《加泰罗尼亚地图》上相同的符号。

地图符号的使用只不过是为了标记自己的势力范围吧。让人不禁产生这种猜想的地图也随之出现。1490年葡萄牙制作的非洲沿岸地图上，有些地方画着十字架记号，标示这些土地是葡萄牙人发现的，也就是侵略地图。

1683 到1818年，法国卡西尼（Cassini）家族花了一个多世纪使用三角测量法制作了地图《法国》，一般称它为"卡西尼地图"。《法国》测量地图上描绘着村落、教堂、风车、森林道路等的记号，此图为现代地图的先驱。

江户时代以前，日本地图都由浮世绘画师来描绘。1871年（明治四年），政府决定测量东京府的范围，由西洋画家来绘制地图。日本的地图符号就始于此时。参考德国地图，日本地图也使用了地图符号，并创造出神社、温泉等德国没有的标记。1874年完成的《东京大小区分绘图》中已有小庙、神社、佛阁、新建公共建筑物等符号。1885年，使用三角测量法的1：50000的地图开始售卖，图中使用了75种地图符号。

明治后期，地图符号增加到300种。昭和二十年（1945）后，地图符号被重新整理，现在通用的还有150种左右。其显著的改变有军队相关和水车等符号的消失，增加了工厂相关的符号。"〒"成为邮局的标志"〒"，算盘成为税务署的标志"¤"，"公"字成为官公署的标志"ö"，齿轮"✿"表示工厂，防火用具符号"丫"表示消防署，警棒交叉表示警察署"⊗"，派出所的标志使用"✕"。符号的联想虽朴实却很有趣。

→ 航空符号　264
→ 气象符号　276

市政府、东京都的区政府	町、村委会、六大都市的区政府	官公署	法院	税务署

农林署	气象所	警察署	派出所	消防署

保健站	邮局	电信电话局	自卫队	工厂

发电站、变电站	中小学	高中	医院	神社

寺院	高塔	纪念碑	烟囱	无线电塔

油井、气井	灯塔	坑道入口	古城、城迹	名胜古迹、天然纪念物

喷火口、喷气口	温泉、矿泉	采矿地	采石地	地方港

渔港

詹姆斯·柴吉吾德发现太平洋姆大陆的
姆语

最早详尽阐述"姆大陆"之说的人是詹姆斯·柴吉吾德（James Churchward, 1851~1936）。他自称是英国陆军上校，于1868年在印度服兵役时看到印度教高僧的神秘黏土板"那卡碑文"（Naacal tablets）。经过解读（17岁的年轻军人能够解读出内容，实在厉害），他发现上面写着：太平洋上曾有一块巨大的陆地，包含夏威夷群岛、马利瓦拉群岛、波纳佩岛、斐济和复活节岛，东西8000公里，南北5000公里，几乎占了太平洋一半。

姆大陆曾有着高度发达的文明，由白人统治，国王被称作拉姆（La Mu）。约12000年前，由于触怒了神，姆大陆一夜之间沉入海底，和亚特兰蒂斯大陆的沉没处在同一时期，它们都是因为某种不明原因而沉没。若说姆文字是有高度发达文明的人类使用的语言，感觉还太粗糙，总之详细情况已不得而知。从地质学上来说，太平洋上曾有巨大的大陆沉入海底一事已被否定，因为没有发现任何可证明的痕迹。

太平洋战争中的船舰记号
日本海军惯用符号

右页是第二次世界大战中，日本海军使用的船舰等的简略符号。这些符号使用在作战图上，因此战时是保密的，战后则被下令销毁。我是在我父亲（松田宪雄，已故）的私人记录书稿《卜连送》的卷末资料中发现的，还附有说明。《卜连送》后来由光人社以单行本（《忘不了》）和文库本（《鱼雷发射飞机上电报员的殊死战斗》）发行，但这两个版本的卷末都没有附上这些资料。这本书描写的是战前和战时的日本海军体验。资料则是他偷偷地藏起来的废弃文件。

书名"卜连送"就是使用莫尔斯电码连续输入"卜"，意思是"全军突击"。"卜"（to）就是"突击"（Totsugeki）的词头。珍珠港攻击时曾使用"突列"，意为"做好突击准备队形"。一个电波成为点燃毁灭性的太平洋战争的导火线。

日本海军航空队没有像德国空军那样在机身上描绘击落敌机数量的记号。击落被认为是集体的战果，而不是个人的成绩。但是，也有例外，为了鼓舞士气，有时也会在机体的垂直尾翼上做记号，像斧、鸢、星、樱花等。但是战况紧急，特攻一旦开始，也就没有闲情逸致做这些多余的事情了。

| 舰队 | 战队 | 巡洋舰 | 战舰 | 驱逐舰 |
| F | S | C | B | d |

| 陆上攻击机 | 航空母舰 | 机动部队旗舰 | 船舰 | 战队旗舰 |
| G | | | | |

| 航空基地 | 陆上基地 | 水上基地 | 飞机 | 飞艇 |

| 水上机 | 舰上机 | 潜水舰上浮 | 潜水舰潜没 | 主力队 |

| 主力队之外 | 舰队旗舰 | GF司令长官 | 战队旗舰 | 司令官 |

| 司令 |

照着看到的东西模仿而来的
苏美尔图画文字

苏美尔人在美索不达米亚南部（现在的伊拉克）的苏美尔高原上建立了人类最早的城市国家。他们将供献给神殿的谷物和家畜的数量刻在黏土板上，这就是苏美尔图画文字。公元前4000年左右，约有2000个图画文字。文字是直接模仿对象创作出来的，也包括模仿身体的动作。后来，在名词上添加动作来表示抽象概念（例如生命等）。到了公元前3000年左右，加上发音，发展成象形文字。黏土上刻的图画文字因为细线不是很清楚，起初用尖端凸起的三角苇笔来描绘，慢慢转变成楔形文字。在文字的演变过程中，书写方法也渐渐产生变化。竖写的图画文字不容易用苇笔书写，于是图画文字是从左到右的横式书写，形状为横躺，曲线也渐渐消失。由于书写技巧的变化，图画文字的模仿方式也逐渐消失了。

另外，苏美尔人还发明了最早的印章：在圆筒形的石头上刻字，再用半干的黏土板转印。从图画文字到楔形文字的发展历经了长达五个世纪的时间。

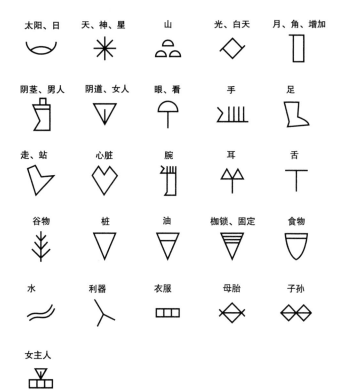

太阳、日　天、神、星　山　光、白天　月、角、增加

阴茎、男人　阴道、女人　眼、看　手　足

走、站　心脏　腕　耳　舌

谷物　桩　油　枷锁、固定　食物

水　利器　衣服　母胎　子孙

女主人

流浪者的暗号
霍波记号

这是在欧洲的吉卜赛人之间广为流传，欧洲各地的流浪者（Hobo，霍波）之间也在使用的符号。为了给后来的人留下有用的信息，这些符号被用粉笔写在路边或墙上等地方，表达的内容诸如这个地方住着什么人、是否有危险等注意事项。也有些符号跟炼金术符号类似，反映了某种时代背景。后来，霍波记号传播到美洲大陆，现在依然在被人使用。

罗伯特·阿尔德里奇（Robert Aldrich, 1918~1983）导演的《北帝王》（*Emperor of the North Pole*, 1973）是一部以霍波为主题的电影。电影背景是20世纪30年代经济低迷的美国，主要内容表现的是一个时常搭乘霸王车的霍波和欧内斯特·博格宁（Ernest Borgnine, 1917~2012）扮演的列车售票员之间死斗的戏码。对于李·马文（Lee Marvin, 1924~1987）扮演的霍波来说，旅行就是人生。为了求得食物和睡觉的地方，他到处换搭免费列车，从一个地方换到另一个地方，被从列车上赶下来就意味着死亡。现在的霍波应该是住在房车里的吧。The Band（乐队）的"Hobo Jungle"就是一首描写霍波聚集地的歌曲。

被称为"民歌之父""抗议之歌的始作俑者"的伍迪·格思里（Woody Guthrie, 1912~1967）也曾过着霍波的生活。他的自传《奔向光荣》（*Bound for Glory*, 1943）曾被改编拍成电影，据说对鲍勃·迪伦（Bob Dylan, 1914~ ）也产生过很大的影响。有讽刺感的是，格思里后来得了亨丁顿舞蹈症，不能讲话，也不能走路，只能卧病在床。在他与病魔搏斗的日子里，摇滚乐开始抬头，成为年轻人心声的代言工具。

| 此路不通 | 往此 | 快速通过 | 此路可行 | 路况不良，很多霍波 |

| 很可疑 | 休止 | 目的地 | 邻人危险 | 此地无益 |

| 可露营 | 有清水，安全营地 | 饮水危险 | O.K. | 好的接受施舍地 |

| 住着脾气不好的人 | 小心谨慎的人家 | 小心谨慎的人家 | 屋主在家 | 屋主不在家 |

| 住着绅士 | 住着有钱人 | 住着亲切的妇人 | 工作就能获取食物 | 工作就能获取食物 |

| 宗教谈话会为你赢得食物 | 生病可在此获得治疗 | 有免费医生 | 免费电话 | 可以饮酒的城市 |

| 有稻草屋可睡 | 安静 | 不要说话 | 有吠犬 | 有恶犬 |

| 小心四只狗 | 容易受骗的人 | 无限制 | 拖车停车场 | 搭乘火车的好地方 |

| 不安全的地方 | 住着有枪的男人 | 做好防卫准备 | 住着不正派的男人 | 胆小鬼 |

| 可能会被骂 | 请勿接近 | 有讨厌流浪者的警察 | 有小偷 | 住有警官 |

丰后国的大友能直编纂的《上记》文字

〔神代文字……1〕

丰国文字

据传，在汉字传到日本之前，日本存在的文字是神代文字。神代文字最早出现于室町时代忌部正通为《日本书纪》做注释的《神代口诀》（1366）一书中。江户时代日本国学兴盛，谛忍《以吕波问辩》（1763）、平田笃胤（1776~1843）《日文传》（1819）、鹤峰戊申（1788~1859）《神代文字考》、大国隆正（1792~1871）《神字签》、落合直澄（？~1891）《日本古代文字考》（1888）等书籍出现，让神代文字存在的可能性突然高了起来。

昭和初期有很多以前的字体被发掘（存疑），这让汉字传来以前的日本古代文化更引人遐想。几乎所有的文字都记录在神社发行的神牌、神玺和碑文上。但是，近年来具说服力的说法认为这些文字是后世编造的。这些文字跟甲骨文或朝鲜文字太相似了。

神代文字的音节总共有47个。日本国学学者大野晋（1919~2008）指出，47音图和50音图是在平安时代被创造出来的，奈良时代的音有87个。神代文字被断定是平安时代以后之作。但是，也有很多人反对大野的说法。对门外汉来说，这些文字实在很有趣。不论其存在的真伪，神代文字的奇妙形状依然不减其魅力。

这里介绍的文字来自镰仓时代初期的《上记》。这本书是源赖朝（1147~1199）的儿子、丰国分裂后的丰后国守护大友能直（1172~1223）命令学者编纂的。这是一部收集古老传言的古代百科事典，据说内容比《古事记》《日本书纪》还要古老，但真伪不明。

纽雅王创作的从图画文字快速进化为记号的
巴母文字

非洲喀麦隆的巴母族的文字是1903年由纽雅王创作的。到1918年，已修改过三次，在短期内就被简化了许多，从图画文字快速进化为记号文字。原本有1000个表意文字，最后变成70个。右图为初期的巴母文字。

为了分辨类型的表情记号
查诺夫表情

1973 年，统计学者安德雷·查诺夫（Andrey A. Chernov）提出以各种变化的脸部表情来传达信息。人的脸部表情可以包含很多信息量，查诺夫企图将之应用在类型的辨识上。

表 情类型的应用范围很广，例如用身体弯曲程度来判断机械系统的异常或故障，以鼻子长短表示好恶，以眼睛大小和形状来显示感兴趣的程度，以脸的轮廓是圆或瘦及宽窄等来表示疲劳度，或以眼睛的倾斜度来表示满足感等。

→ 动作学　028
→ 拉班舞谱符号　056

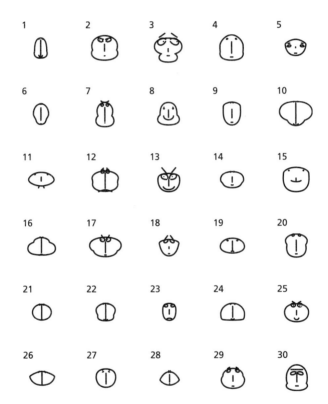

传教士德·兰达用字母解读
玛雅文字

玛雅文明兴起于公元前3世纪左右，在7至9世纪发展至巅峰，持续到10世纪。16世纪，西班牙入侵尤卡坦半岛，欧洲人才知道玛雅文明的存在。除了西班牙军队，侵略队伍里还有一位方济各会传教士，弗雷·迭戈·德·兰达（Fray Diego de Landa, 1524~1579）。他是个残忍的宗教狂热者，视玛雅文化为异端，下令焚毁玛雅文化典籍。但是，不知从何时起，他又对玛雅文化产生了兴趣，于1560年写下《尤卡坦纪事》。这本书成为研究玛雅文化的重要资料。

德·兰达相信基督教文化是真理，认为玛雅文也一定是字母，硬是把没有字母的玛雅文字根据发音与西班牙语字母对应上。右图就是他的对照表。不过，这本书倒开启了对玛雅文字的解读。

1862年，这本书在西班牙的图书馆中被人偶然发现，其中记录了玛雅的历法和记数法。美国人约翰·埃里克·悉尼·汤普森（John Eric Sidney Thompson, 1898~1975）认为玛雅文字是跟汉字一样的表意文字。俄国人克罗诺索夫（Yuri V. Knorosov, 1922~1999）和普罗斯科利可夫（Tatiana A. Proskouriakoff, 1909~1985）认为其是类似假名的音节文字。如果接近汉字的话，应该有数量更多的图画文字。目前最有力的说法认为玛雅文字是一种简单表意和音节结合的文字。

玛雅基丘族哲学家维多利阿诺（Victoriano Álvarez Juárez, 1927~ ）认为玛雅文明起源于公元前3000年左右。如果真是这样，世界五大文明发源地就要改写了。

世界最早的活字印刷
法伊斯托斯圆盘

1908年，意大利的考古团队在希腊克里特岛的法伊斯托斯（Phaistos）古代宫殿遗址中，挖掘到一块正反两面都刻着图画文字的圆盘。这块圆盘被认为是公元前1700年左右的物品，直径约16厘米，由黏土做成。黏土不是克里特岛产的，似乎是从其他地方运来的。

圆盘两面合计241个图画文字，考虑到重复出现，实际上是45个，可以大致分成几个类型。可能是类似日语假名的音节文字吧。令人惊讶的是，这45个图画文字就像活字一样印在半干的黏土里。它比谷登堡（Johannes Gutenberg, 1398~1468）铅活字印刷术还要早3200年，可以说是世界上最早的活字印刷了。

但是，没有发现其他使用这些活字的碑文等文物，因此尚未能对其进行解读。

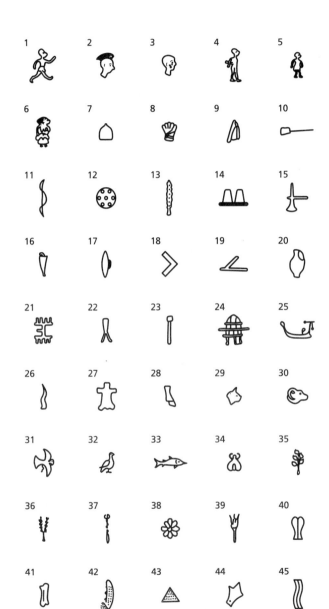

★ 西曼特图案 ──『セレクト版第2版　記号の事典』江川清＋青木隆＋平田嘉男編、三省堂、1987→（1）／『ビジュアル・コミュニケーション』藤沢英昭＋瀧本孝雄＋中村裕＋西川潔著、ダヴィッド社、1975／『ピクトグラムのおはなし』太田幸夫著、日本規格協会、1995

★地图符号──『読む・知る・愉しむ　地図のことがわかる事典』田代博＋星野朗編著、日本実業出版社、2000／『地図の歴史』織田武雄著、講談社、1973／『地図を作った人びと──古代から観測衛星最前線にいたる地図製作の歴史』ジョン・ノーブル・ウィルフォード著、鈴木主税訳、河出書房新社、1988／『近代日本のデザイン文化史1868-1926』榧野八束著、フィルムアート社、1992／（1）

★ 姆语 ──『失われたムー大陸──太平洋に沈んだ幻の大帝国』ジェームズ・チャーチワード著、小泉源太郎訳、大陸書房、1968

★日本海军惯用符号──『ト連送（全軍突撃せよ）──機上電信員の手記』松田憲雄著、1990

★ 苏美尔图画文字 ──『世界の文字の図典』世界の文字研究会編、吉川弘文館、1993→（2）／『文字の世界史』ルイ・ジャン・カルヴェ著、矢島文夫監訳、会津洋＋前島和也訳、河出書房新社、1998→（3）／『龍の起源』荒川紘著、紀伊國屋書店、1996

★ 霍波记号 ──『遊びの博物誌』坂根厳夫著、朝日新聞社、1977

★神代文字──『日本語はいかにつくられたか？』小池清治著、ちくま学芸文庫、1995／『NHK BOOKS 721　漢字の文化史』阿辻哲次著、日本放送出版協会、1994／『日本神代文字──古代和字総観』吾郷清彦著、大陸書房、1975／（2）

★ 巴母文字 ──（2）／（3）

★ 查诺夫表情 ──『遊1005　電気＋脳髄』工作舎、1979

★玛雅文字──『マヤ文明──世界史に残る謎』石田英一郎著、中公新書、1967／『マヤ文明　新たなる真実──解読された古代神話「ポップ・ヴフ」』実松克義著、講談社、2003／（3）

★ 法伊斯托斯圆盘 ──『解読古代文字』矢島文夫著、ちくま学芸文庫、1999／（3）

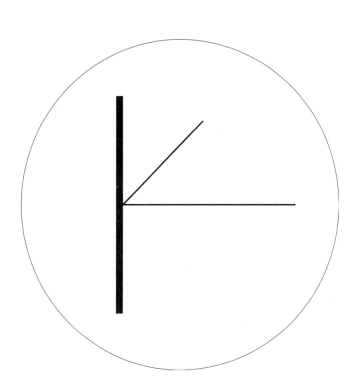

因书写工具而变成圆形的
缅甸文字

11 世纪中叶，缅族推翻孟族统治，统一缅甸。缅甸文字则是以孟族的孟文字为基础创造来的。以4世纪左右南印度使用的帕拉瓦文字为基础产生的古高棉文字和孟文字是当时印欧语系的两条支系。

因 为要延续孟族的佛教信仰，缅甸文字直接使用巴利文佛典里的书写文字。据说是书写工具的原因导致缅甸文字以圆形字体为主。

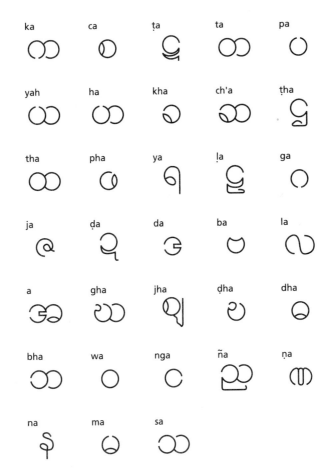

力捷三的福建话速记文字
闽腔快字

清朝末期，中外交流增加，外国文化流入中国。以世界中心自居的中国也和日本江户时代末期一样，出现类似的危机感。换句话说，中国人被迫审视自己的文化，特别是对汉字的反省。在这样的状况下，出现了许多文字创造者，形成了一股"不改变不行"的风潮。

1896年，外交官蔡锡勇受到欧洲速记术的影响，在皮特曼式速记术符号的基础上发明了"传音快字"。同年，力捷三受此启发，将传音快字应用到福建话上，发明了闽腔快字。"闽"是福建省的简称。

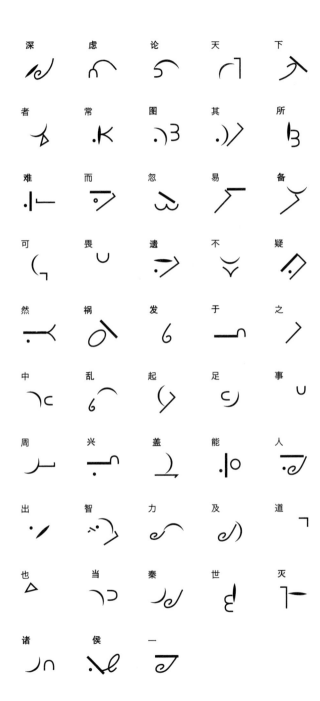

深 虑 论 天 下
者 常 图 其 所
难 而 忽 易 备
可 畏 遗 不 疑
然 祸 发 于 之
中 乱 起 足 事
周 兴 盖 能 人
出 智 力 及 道
也 当 秦 世 灭
诸 侯 一

为了使用方便而打破象形文字形状的
僧侣体文字

埃及象形文字（hieroglyph）是希腊语中的hiero（神圣的）和glaph（刻画）两个单词的结合。象形文字逐渐演变，还形成"僧侣体文字"（hieratic）和"通俗文字"（demotic）等书写形式。从公元前3000年左右开始，象形文字使用了长约3500年的时间。公元5世纪时，基督教会的势力急遽扩张到埃及。为了断绝古埃及的异教信仰之根，基督教会禁止使用古埃及的文字，改为使用科普特语。科普特语是一种在希腊字母里加入六个字母而形成的新语言，能对应表达埃及象形文字。至此，古埃及语完全灭绝。

拿破仑（1769~1821）的埃及远征军1799年发现了罗塞塔石碑。这个石碑是公元前196年祭司们为了颂扬托勒密五世（前205~前180在位）的政绩所建。石碑上希腊文字、僧侣体文字、象形文字并列。（除了希腊文字外，其他由右往左书写。）

以发现光的波动性和三原色理论而闻名的英国科学家托马斯·扬（Thomas Young, 1773~1829）在1814年提出：罗塞塔石碑上的"象形文字不是图画文字，而是表音文字"。以此为线索，法国语言学家商博良（Jean-Francois Champollion, 1790~1832）于1822年将象形文字全部解读开来。

最初的埃及象形文字有3000个左右的表意文字，使用频率高的有500到600个字。由于其形状很复杂，日常生活中不太方便。僧侣体文字更便于在日常生活中使用，改变了象形文字原本的复杂形状。有些文字会出现数种读音，音的数量也随之增加。出现了一些无法象形化的文字，例如"呼吸"和"生命"等，还有只以音来表现的文字。如此一来，埃及文字慢慢从表意文字演变成表音文字。右图的上方为埃及象形文字，下方为僧侣体文字。

秃鹰	脚	蛇	毛皮腰带	鞭
毒蛇	鱼叉	苇草栏	鱼	壶
鳄	卷轴	枭	水	鹰
床	莲池	R	箭囊	手斧
座位	腕	幼鹑	侧	苇	绳

装饰《古兰经》圣句的
阿拉伯文字

阿拉伯文字的原型是以腓尼基系的拿巴坦（Nabataen）文字书写的阿拉姆语（Aramaic script）。阿拉伯文最早出现在公元512或513年。公元622年是伊斯兰教历的元年，这一年穆罕默德（570~632）率斯林由麦加迁徙到麦地那。646年，《古兰经》首次被集结整理，让阿拉伯文得到普及，就像希伯来文因《圣经》而普及一般。为了正确地读懂《古兰经》，阿拉伯文出现元音记号。阿拉伯文拥有28个字母，由右往左书写。

装饰性的阿拉伯文字也得到蓬勃发展，大致上可分成便于设计用的四方形库法体（Kufic）和圆浑的誊抄体（Naskh）。库法体多刻在石头等硬物上，所以变得有锐角，誊抄体则为书写专用。库法体还发展出卡尔玛图字体（Calmato）和马格里布字体（Maghribi）；誊抄体则发展出塔利克字体（Ta'liq）。帖木儿帝国的阿里（Mir Ali, ? ~1420）初次结合两者成折衷的纳斯塔利克字体（Nastaliq）及其草书体西亚马斯克（Siah-Masq）。土耳其则出现了瑞克阿（Riq'a）、迪瓦尼（Diwani）、舒尔于斯（Shuryus）、伊加扎（Ijaza）、杰利（Jeri）、卡里米（Karemi，又作Lasdo）、莎卡（Shaka）等字体。

据说，因为伊斯兰教禁止崇拜偶像，所以将《古兰经》里的圣句当成装饰，取代图像，发展出各种书法字体。

右图是用阿拉伯文字来表记日文的五十音。

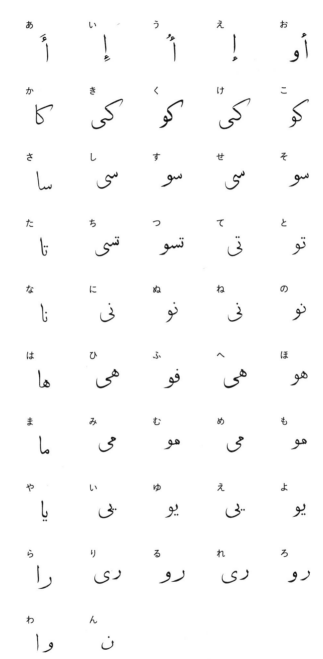

あ	い	う	え	お
أُ	إِ	أُ	إ	أُو

か	き	く	け	こ
كا	كى	كو	كى	كو

さ	し	す	せ	そ
سا	سى	سو	سى	سو

た	ち	つ	て	と
تا	تسى	تسو	تى	تو

な	に	ぬ	ね	の
نا	نى	نو	نى	نو

は	ひ	ふ	へ	ほ
ها	هى	فو	هى	هو

ま	み	む	め	も
ما	مى	مو	مى	مو

や	い	ゆ	え	よ
يا	ىى	يو	ىى	يو

ら	り	る	れ	ろ
را	رى	رو	رى	رو

わ	ん
وا	ن

用来誊写梵语的
泰卢固文字

泰卢固语是印度南部安德拉地区的语言。14至17世纪前半叶的毗奢耶那伽罗王朝时，泰卢固语文学受到梵语的影响而得到发展。受到婆罗米系文字影响的卡纳达文字在10世纪时分成东西两支，东为泰卢固文字，西为卡纳达文字。两边的文字体系几乎相同。

古代印度语被称为"梵语"，意为"完成的语言"，也就是说相比一般使用的俗语更高雅。公元前1500年左右，印度思想根源的《梨俱吠陀》和《罗摩衍那》等史诗圣典开始出现，但没有文字，只是以口述方式相传。公元前5世纪初，佛教兴起，梵语文法专家、婆罗门僧侣波你尼制定了梵语文法，并提倡像"零（ZERO）"记号作用的梵语构词学，被称为"lopa"。零的观念首次出现在这个世界。之后梵语可以用天城体文字（意为"诸神的城市使用的文字"）来书写，印度系之外的文字也开始发展成可以表记梵语的文字。泰卢固文字也可以看出其为了正确表记梵语的精心设计。

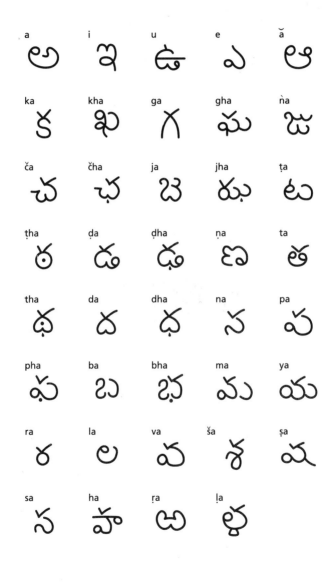

a	i	u	e	ă
అ	ఇ	ఊ	ఎ	ఆ

ka	kha	ga	gha	ṅa
క	ఖి	గ	ఘ	ఙ

ča	čha	ja	jha	ṭa
చ	ఛ	జ	ఝ	ట

ṭha	ḍa	ḍha	ṇa	ta
ఠ	డ	ఢ	ణ	త

tha	da	dha	na	pa
థ	ద	ధ	న	ప

pha	ba	bha	ma	ya
ఫ	బ	భ	మ	య

ra	la	va	ša	ṣa
ర	ల	వ	శ	ష

sa	ha	ṛa	ḷa	
స	హా	ఱ	ళ	

《格列佛游记》中飞岛国拉普达的拉卡多学院
自动叙述装置文字

乔纳森·斯威夫特（Jonathan Swift, 1667~1745）的《格列佛游记》（1726）第三篇，在飞岛国拉普达所统治的巴尔尼巴比岛中，首座拉卡多学院的研究室出现了自动叙述语言的巨大装置。该装置边长20英尺（约6米），其中装着这个国家的所有文字，转动外围的把手，文字就会自动组合，形成文章（见右下图），宛如电脑。一共有500台这样的设备在运转，目的是制作百科全书。据说原著附图上的文字是恩格尔贝特·坎普弗尔（Engelbert Kaempfer, 1651~1716）模仿日文假名而来，名为"楔形文字"（拉丁文Litterae cunefae）。像蚯蚓爬行的"楔形文字"的确很像日文的假名。恩格尔贝特在他的《日本志》里介绍了日文假名。《日本志》于1727年才出版，比《格列佛游记》还要晚。据说恩格尔贝特1716年去世后，该书原稿由英国收藏家收藏。斯威夫特跟那位收藏家很熟，因而看到了原稿。《格列佛游记》中出现的岛国，唯一真实存在的是日本。斯威夫特或者恩格尔贝特可能是从英国航海家三浦按针（William Adams, 1564~1620）的信中获取了这些信息。三浦按针随着荷兰船队于1600年漂流到日本，被德川家康封为武士。

讽刺是斯威夫特的得意手法。《格列佛游记》里充满对当时英国社会的讽刺、戏谑，出处不明的话和双关语。拉普达（Laputa）是西班牙文娼妇（la puta），拉卡多（Lagadou）在法文里也是娼妇（la gadou）的意思。这个自动叙述装置也是对托马斯·莫尔（Thomas More, 1478~1535）等充满幻想的知识分子的讽刺。

据说，猴子随便乱按键盘能写出《哈姆雷特》的概率为10的460000次方分之一。即使全宇宙有10亿个银河系，每个银河系有10亿颗恒星，每颗恒星有100颗行星在旋转，每颗行星上有1000亿只猴子在150亿年间持续按着键盘，全宇宙猴子使用的时间只有10的46次方年。由此就能明白，这台自动叙述装置是如何多余，其成果更是建立在微渺的假设上。

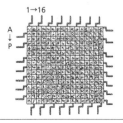

1→16

A
↓
P

也被称为"出云文字"的

〔神代文字……2〕

阿比留草文字

阿比留草文字是阿比留文字的草书。这是平田笃胤的说法，也有很多人持反对意见。平田笃胤称阿比留文字的肥人书（也就是熊本产的文字）为"萨人书"（也就是鹿儿岛产的文字）。这里介绍的文字是出云大社所馆藏的文字，所以也称为"出云文字"。

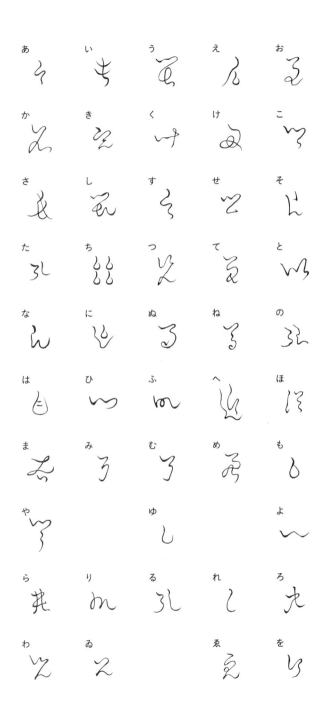

以蝌蚪文为范本，和朝鲜文字很像的陈虬的
新字瓯文

清朝末期，各种外国文化入侵，中国的有识之士接触到近代文明，强烈认为有富国强兵的必要。前卫的陈虬（1851~1904）就是这样一位抱有危机感的人。1903年，他在去世前发表了能和欧洲相互沟通的新文字体系，称为"新字瓯文"。字形参考古代中国的蝌蚪文，模仿朝鲜文字的口语发音。

在纸发明以前，中国的蝌蚪文是蘸漆在竹简上书写的。很黏的漆在硬的竹子上很不容易书写，起笔常会堆积一大块漆，之后的笔画又会变细，宛如蝌蚪的样子，所以才有这个称呼。

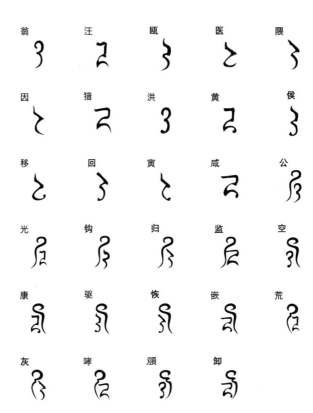

翁　汪　瓯　医　隈

因　猎　洪　黄　侯

移　回　寅　咸　公

光　钩　归　监　空

康　驱　恢　嵌　荒

灰　哮　頒　卸

用火烤骨头出现的裂痕来占卜吉凶

甲骨文的"龙"

1899年，长期罹患疟疾的清朝国子监祭酒王懿荣（1845~1900）为了治病，买了一种被称为"龙骨"的中药。名字虽然是"龙骨"，但实际上是牛骨或龟甲。当时寄居在王府的食客刘铁云（本名刘鹗，1857~1909）发现"龙骨"上刻着像是文字的东西。于是王懿荣和刘铁云对这些骨头产生兴趣，并且开始收藏。

这个时期，在河南挖出的殷墟中出现很多甲骨文。刻着这些文字的骨头除了牛骨外，还有龟甲，所以称为甲骨文。这是经常被人提起的发现甲骨文的原因。骨头会被当成中药来卖也实在很妙。王懿荣死后，刘铁云接收了他收集的众多甲骨文，并在1903年将收藏品出版成《铁云藏龟》，掀起了解读风潮。后来才知道，这些原来是公元前1300年到前1000年时期殷朝的文字，由被称为"贞人"的占卜师在被贡献为牺牲的牛肩胛骨和龟甲上刻上占卜事项，再用火来烤，用出现的裂痕来卜吉凶。因为是占卜的文字，所以也被称为卜辞、契文。

龙的观念似乎在甲骨文出现以前的公元前1400年就已经存在，甲骨文中可以看到很多"龙"字。这里试着排列出"龙"这个字的形状变化。"竜"字的头像戴着针的冠饰，就像是蛇加上角。这是"龙"字的古老形状。在日本，一般认为"龍"这个字较为古老，"竜"是简化汉字后使用的新字，但实际上正相反。总之，"蛇"和"龙"的差别只在于有没有角和脚。

据说是日本人祖先的中国少数民族苗族的
苗文字

苗文字主要指在中国西南地区及越南、泰国、老挝、缅甸等中南半岛北部的山岳地带居住的苗族的文字。据说苗族也是日本人的祖先之一，历史也很古老，两千年前就住在那里。苗族原本没有文字，但不知何时出现了类似汉字的草书般的文字。因为1957年出现了以拉丁字母为基础的新文字系统，苗文字现在已经不再使用。

hri (月)	hrlate (火)	nê (马)	haotcha (胸)	kéo (村)
cho (写)	deou (书)	pa ké (来)	mou ké (去)	sate (缝)
ndo o (织)	jong (看)	t'ang (说)	t'o (笑)	tse yong (生病)
nona (今天)	nangé (昨日)	kiaki (明日)	eho (正午)	ko (好)
kleu (白)	klo (黑)	klang (黄)	njua (绿)	lama (红)
tsi ne (牡)	tie lao (左手)	li tie (指)		

因菩萨记号种字而受到崇拜的
悉昙文字

城文是印度的笈多文的东部变体，在6到7世纪时传到中国，又传到日本，被称为"梵字"或"悉昙文字"（Siddha Matrka）。悉昙（Siddha）是梵语"完成的东西"之意，"Matrka"是梵语"文字"的读音。悉昙文字是记录梵语的文字，所以也被称为"梵字"。字母表的卄头写着"Siddha Astou"，意思是"令成就"，因此在北印度称悉昙文字为"Siddha Matrka"。

在日本，汉字以日文表记后，又过了数个世纪，开始重视佛陀的真言，产生了以弘法大师空海（774~835）为始祖的真言密教。真言密教中，每一个悉昙文字都象征着菩萨，称为"种字"。把种字记在曼荼罗上，作为菩萨的记号来崇拜。墓地上有白木板，卒塔婆（梵语stûpa，意为坟冢）从上到下写着象征空、风、火、水、地五大的梵字，代表大日如来。这是日文五十音图排列的起源。"阿吽的呼吸"是从悉昙文字而来，"阿"为张开口的发音，"吽"则为闭口的发音，两者象征万物的起始和结束。奥姆（Aum）真理教的"aum"也是来自印度祈祷文中最初的神圣之音"唵（国际音标为om，汉语拼音为ōng）"。

kha 空	ha 风	ra 火	va 水	a （阿） 地
aṃ 普贤菩萨	hūṃ （吽） 不动明王	hāṃ 不动明王	ka 十一面观音	hrīḥ 阿弥陀如来佛
śrī 吉祥天	ca 月光菩萨	su 妙见菩萨	dhṛ 地国天	nṛ 罗刹天
bhai 药师如来	bḥah 释迦如来	vai 多闻天	vaṃ 大日如来（金刚界）	bra 梵天
ma 孔雀明王	maṃ 文殊菩萨	yu 弥勒菩萨	vaiclmmdya 昆沙门天	oṃ （唵）

★緬甸文字 ──『世界の文字の図典』世界の文字研究会編、吉川弘文館、1993→(1)
★閩腔快字──『蒼頡たちの宴──漢字の神話とユートピア』武田雅哉著、筑摩書房、1994→(2)／『漢字と中国人──文化史をよみとく』大島正二著、岩波新書、2003
★僧侶体文字 ──『解読古代文字』矢島文夫著、ちくま学芸文庫、1999→(3)／(1)
★阿拉伯文字 ──『イメージの冒険3 文字──文字の謎と魅力』河出書房新社、1978／『世界言語文化図鑑──世界の言語の起源と伝播』バーナード・コムリー＋スティーヴン・マシューズ＋マリア・ポリンスキー編、武田房訳、東洋書林、1999→(4)／『文様の博物誌』吉田光邦著、同朋舎、1985／(1)
★泰卢固文字── (1)／(4)
★自動叙述装置文字──『ガリヴァ旅行記』ジョナサン・スウィフト著、中野好夫訳、新潮文庫、1951／『空想旅行の修辞学──「ガリヴァー旅行記」論』四方田犬彦著、七月堂、1996／『桃源郷の機械学』武田雅哉著、作品社、1995／『ちくまライブラリー59 ガリレオたちの仕事場』金子務著、筑摩書房、1991／(1)／(3)
★神代文字──『日本神代文字──古代和字総観』吾郷清彦著、大陸書房、1975
★新字甌文──(2)
★甲骨文的"龙"──『セレクト版第2版 記号の事典』江川清＋青木隆＋平田嘉男編、三省堂、1987／『龍の起源』荒川紘著、紀伊國屋書店、1996／『NHK BOOKS 721 漢字の文化史』阿辻哲次著、日本放送出版協会、1994／『イメージの博物誌13 龍とドラゴン── 幻獣の図像学』フランシス・ハックスリー著、中野美代子訳、平凡社、1982／(3)
★苗文字──(1)
★悉曇文字──(1)／(3)

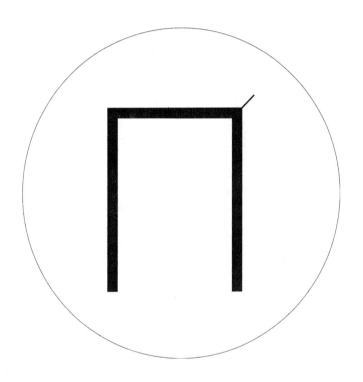

人类记号的始祖
十字记号

据说幼儿最早会描绘的图案是垂直线和水平线交叉的 × 或 +。从人类文明初期开始，十字记号就广泛出现在各个地域。将方位和四季等四等分的想法和旋转十字结合；十字成为固定精灵和妖魔以免其再度出现的护身符，或是阳具的代表等。日本也在绳文时期就有了十字符号。十字有着安定和发展、动和静的双层意义，所以成为人类记号的原型吧。

粗木头交叉成十字，自古就被使用在磔刑上，或者代表人的形状。星形十字是亚述和巴比伦的太阳神沙玛什的形状，后来成为马太十字架。由基督教磔形记号演变而成的拉丁十字架，在6世纪之前的基督教艺术作品中尚未出现。其实之前的十字记号被认为代表异教徒，因为摩西的"十诫"里也禁止偶像崇拜。

基督在各各他山上被处以磔刑的十字架在公元320年被发现，这个传说逐渐传播到各地。一旦开始传播，就再也不会终止，直到全世界。这就是宗教厉害之处。公元727至843年，位于欧洲和亚洲连接处的拜占庭帝国发起了彻底的圣像破坏运动，所有的圣像都被破坏殆尽，取而代之的是十字架。

十字架完全变成基督的代表是在教皇乌尔班二世（Urbanus II, 1042~1099）时。1095年，在发动十字军远征的克尔蒙特宗教会议中，红色十字架的标志被提议作为十字军的代表符号。十字架的标志在1096到1099年的第一次十字军东征中就开始使用了。

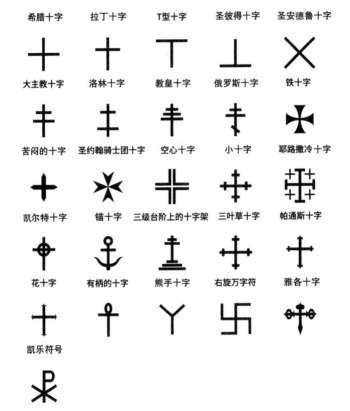

希腊十字	拉丁十字	T型十字	圣彼得十字	圣安德鲁十字
大主教十字	洛林十字	教皇十字	俄罗斯十字	铁十字
苦闷的十字	圣约翰骑士团十字	空心十字	小十字	耶路撒冷十字
凯尔特十字	锚十字	三级台阶上的十字架	三叶草十字	帕通斯十字
花十字	有柄的十字	熊手十字	右旋万字符	雅各十字

凯乐符号

追求理想的托马斯·莫尔的

乌托邦语

乌托邦（Utopia）这个词是英国的人文主义者托马斯·莫尔创造的。他在《乌托邦》（1516）一书中虚构了一个岛，名为"乌托邦"，是从希腊文"utopos"衍生而来，意为不存在的地方，也有乐园的含意。《乌托邦》书末收录了乌托邦语的详细资料，包括乌托邦文的字母、文章例子，甚至有以乌托邦文创作的文学作品和音乐。乌托邦语和拉丁语、希伯来语一样，有22个字母。不知道是不是从炼金术（卡巴拉）字母借用而来的，有很多相似的形状。

乌托邦是原始的共产主义体制社会，否定私有财产，主张共同生产和分配制度。托马斯·莫尔生活的时代是绝对王政的全盛期，圈地运动开始兴起。贵族可随意将农民的土地夺走，任意围起自己想要的范围为牧羊场。此外，货币经济也开始发达，那是一个富裕的贵族和贫穷的农民对立的时代。

亨利八世（1491~1547）因为想离婚而放弃了天主教，自创英国国教。虔敬的天主教徒莫尔对此感到不满，才写了《乌托邦》。莫尔因此失去了亨利八世的信赖，被幽禁在伦敦塔，最后被处死。亨利八世离婚后，如其所愿地再婚，找理由把莫尔处死后，也处死了新任妻子，破天荒地和另一个女性开始了第三次婚姻。

在托马斯·莫尔之后，陆续出现了许多反对财产私有制、赞美公有制的人。康帕内拉（Tommaso Campanella, 1568~1639）著《太阳城》（1623），培根（Francis Bacon, 1561~1626）著《新亚特兰蒂斯》（1627），18世纪出现了圣西门（Louis de Rouvroy, duc de Saint-Simon, 1675~1755）、傅立叶（Jean Baptiste Joseph Fourler, 1768~1830）和欧文（Robert Owen, 1771~1858）等，马克思（1818~1883）批判他们为"空想社会主义者"（又称为"乌托邦社会主义者"）。

→ 普遍语言　164

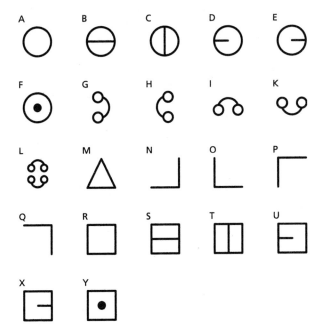

与其说是暗号，不如说是会员凭证的
共济会暗号

这是共济会使用的单字母替代暗号，有两种。因为很容易就能解读，与其说是暗号，倒不如说是以此作为共济会会员的凭证。

共济会的符号是圆规和直角三角形。共济会原本是由欧洲中世纪时以石匠为主的建筑师协会发起，故工作时使用的工具就成为符号元素。这个共济会以石匠们为自由和利益互相扶助为基本原则。1717年，伦敦出现了新的共济会集会所，这是近代共济会的起始，有着文艺沙龙般友好团体的旨趣，也可以说是社交俱乐部。

除了石匠，还有很多科学家、政治家、文学家、音乐家等各领域的贵族参加共济会集会。后来，共济会扩展到欧洲大陆，在巴黎变成神秘主义的团体，增加了秘密元素和奇怪的入会仪式。共济会要求会员是完美的人，莫扎特（Wolfgang Amadeus Mozart, 1756~1791）的《魔笛》里描写了共济会的入会仪式。更令人惊讶的是，贝多芬（Ludwig van Beethoven, 1770~1827）的《第九交响曲》（1824）也是在赞美共济会。听说在欧盟的会议中，《第九交响曲》就像国歌一样播放。或许是我想得太多，但我确实觉得这有着深远的意义。总之，共济会从1717年开始，在不到30年的时间里就发展成能威胁罗马天主教的庞大势力，实在了不起。结果，危机感让罗马天主教会开始发出对共济会的禁止令。

共济会的标语是"自由""平等""博爱"。这是18世纪的时代精神，那时候出现了"理性"的宗教，认为在神的面前人人平等。这后来发展成为"道德"。

后来，共济会运动从欧洲转移到美国。美国建国之初，共济会的任务虽然不透明，但从现在一美元纸币的背面还印着共济会的符号（三角形里有着看见万物的眼睛等）来看，在美国独立时，它肯定扮演着重要的角色。在历届总统中加入共济会的就有13人。虽然我们无法清楚地了解这个组织，但如果把它当成一种宗教，就不难理解。不管怎么说，对国家有举足轻重作用的政治人物和许多名人都加入了这个组织。

→ 家徽　196
→ 魔法字母　224

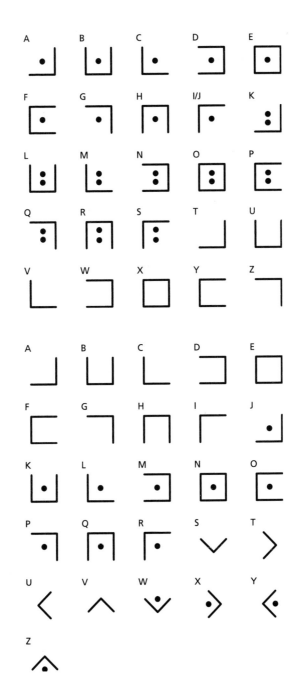

为了记录曼丁哥语，斯雷马内·坎地创造的
曼宁卡文字

为了记录非洲西部的几内亚等地使用的曼丁哥（Manding）语，斯雷马内·坎地（Suremane Kante）在1950年创造出了曼宁卡文字。由于殖民地化，在欧洲语言强势压境的状况中，保有自己的文字，有助于提高国家主义的民族意识。但结果还是强势的罗马字母取得压倒性优势。

→ 棉地文字　076
→ 巴母文字　104

子音

b	p	t	dy	ty

d	r	s	gb	f

k	l	m	ny	n

h	w	y

母音

a	e	i	ɛ	u

o	ɔ

数字

1	2	3	4	5

6	7	8	9	10

融合各教派产生的
亚齐德教派文字

亚齐德教徒是以叙利亚为中心、居住在伊拉克北部的少数民族，他们的文字是以阿拉伯文为范本创作的。亚齐德教派是伊斯兰教什叶派的一个分支，7世纪左右就有记录，融合了琐罗亚斯德教、摩尼教、犹太教、基督教聂斯脱利派、伊斯兰教苏菲派等的教义。也有库尔德人称他们为"恶魔崇拜者"。最高位者阿迪重视圣庙巡礼、圣墓崇拜。据说神秘主义者克劳利（Aleister Crowley，1875~1947）也受该教派影响。

ˀ	b	p	t	s
ǧ	č	ḥ	ẖ	d
ẕ	r	z	ž	s
š	s	ḍ	ṭ	ẓ
ˁ	ġ	f	w̄	q
k	g	l	m	n
w	h	y		

西里尔和美多迪乌兄弟发明的
和西里尔文字密切相关的
格拉哥里文字

西里尔（Cyril，826~869）和哥哥美多迪乌（Methodios，825~885）被派到摩拉维亚（捷克东部）传教，在翻译《圣经》的过程中，为了誊写古教会斯拉夫语，两人以希腊文字的小写草书体为基础，参考科普特文字、塞浦路斯文字、希伯来文字创造了由40个字母组成的格拉哥里文字。"格拉哥里"的来源是古代保加利亚语的"说话"（Glagol）。

格拉哥里文字被传播到斯拉夫世界。保加利亚在12世纪之前开始使用。巴尔干西部的克罗地亚、马其顿17世纪前都使用格拉哥里文字，后来才慢慢被美多迪乌的弟子克莱蒙特（Claremont）发明的西里尔文字所取代。黑山共和国（Montenegro）的天主教徒现在依然把它当成宗教文书的一部分在使用。

→　西里尔文字　182

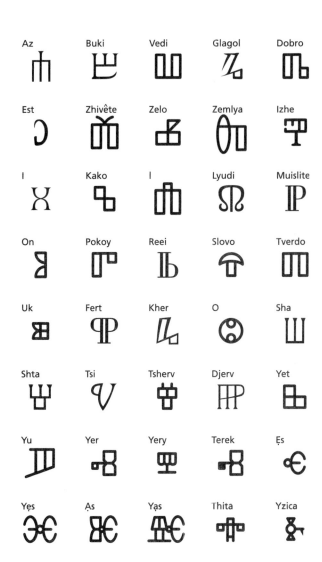

Az

Buki

Vedi

Glagol

Dobro

Est

Zhivête

Zelo

Zemlya

Izhe

I

Kako

I

Lyudi

Muislite

On

Pokoy

Reei

Slovo

Tverdo

Uk

Fert

Kher

O

Sha

Shta

Tsi

Tsherv

Djerv

Yet

Yu

Yer

Yery

Terek

Ęs

Yęs

Ąs

Yąs

Thita

Yzica

为了对抗欧美文化侵略而诞生的卢戆章的
切音新字

清朝末期，中外交流处于全盛时期，精通外语的中国人也逐渐增多。新文字改革运动的先驱卢戆章（1854~1928）在新加坡学习英语。1892年，他发表了罗马字母变形的"切音新字"。中国为了对抗国外的威胁，必须先减少文盲。汉字需要花很长的时间学习，很多人主张简化。右页范例是1892年出版的《一目了然初阶》里提倡的切音新字。切音就是表音文字，仿照拉丁字母设计了55个字母，笔画类似篆书。这些也可以说是篆书体拉丁字母。

1906年，卢戆章再度发表"中国切音新字"，倡议国家尽快研究推广，但未被采纳。在勉强出版了《中国切音新字》后，这位汉字表音化运动的先驱者只能黯然离开北京。

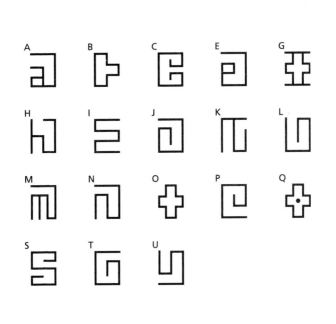

忽必烈委托创造的垂直方形文字
八思巴文字

马可·波罗（1254~1324）在威尼斯狱中口述的《马可·波罗游记》（约1299）里有关于牌子的描述。牌子是一种通行证，以八思巴文字书写。马可·波罗为元世祖忽必烈（1215~1294）服务了17年，回国之际得到了两块牌子以作为官方身份的证明。

元朝消灭南宋后，忽必烈聘请西藏僧人八思巴（1235~1280）创造蒙古帝国的新文字。蒙古人曾把原本横写的畏兀字改为竖写，但不太方便使用。八思巴以西藏文字的印刷体为范本，创造了41个字母，再加上辅音字母，成功地创造出能记录当时蒙古音韵的文字。因为字母都设计为方形，故也称"方形文字"。八思巴文字为竖写，从上到下，从左至右。1269年，忽必烈把它定为国字，但因为不好认读又不好写，在元朝灭亡后，此文字也随之消失，刚好使用了100年。

由于八思巴文字是方形的，适合印章使用，所以后来在中国被发展成篆刻用的装饰性文字。元朝时，实际上还是使用畏兀字来书写的情况比较多，八思巴文字从一开始就大多作为装饰性文字使用。值得一提的是，朝鲜文字也是参考八思巴文字发明的。蓝本是八思巴文字的篆体字母表。同样是八思巴文字，西藏使用的八思巴篆体就比较简单。这里选的是部分较为复杂的字母。

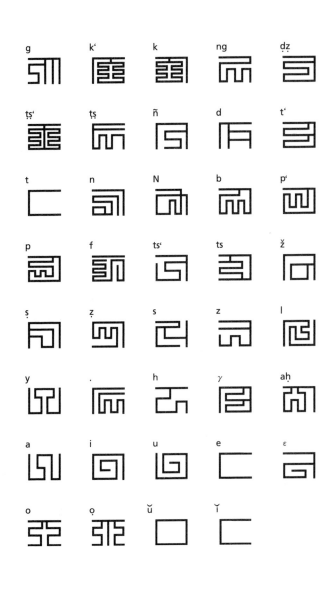

g   k'   k   ng   dẓ

ṭṣ'   ṭṣ   ñ   d   t'

t   n   N   b   p'

p   f   ts'   ts   ž

ṣ   ẓ   s   z   l

y   .   h   γ   aḥ

a   i   u   e   ɛ

o   ọ   ŭ   ĭ

阴阳二元的二进制
《易经》的卦

据说《易经》是中国古代传说中的君王伏羲为理解天地之理而作。他开始画八卦，之后又发展出六十四卦。公元前12世纪时，周文王和他的儿子周公为六十四卦加上了说明，后来孔子（前551~前479）又加上了宇宙原理。《易经》以阴阳二元来解说天地万象。所有的现象、天地之间的任何事物都属于阴阳，这一切现象会变化交叠。《易经》则可以解析层层积累的现象，并找出解答，可以说它是一种生物周期论。也就是说，《易经》试图在生物周期上调和宇宙和个人。

浑沌被称为"太极"，是世界本源。我们平常所说的"元气"就是太极的别称。气可分成阴阳二极、四象，再分成天（乾）、泽（兑）、火（离）、雷（震）、风（巽）、水（坎）、山（艮）、地（坤）八卦，然后是六十四卦。莱布尼茨受这个阴阳原理的启发，想出0和1的二进制。《易经》在6世纪中期由百济传到日本。

三重线图称为"天地人"，表示磁石的方位、一天的时间、一年的时间。完整的线为阳，中间断裂的线是阴。两组三重线并排成为六重线图，就是"卦"，能表示出对瞬息万变的事物的解答。

如今韩国的国旗就是根据《易经》的八卦思想而设计。1883年，朝鲜王朝的国旗诞生，中央红色和蓝色的巴纹表示阴、阳（红为日），左上为天，右上为水（或月），左下为火（或日），右下为地，意味着"调和"。

→ 二进制　024
→ 道教符咒　156

乾为天	泽天夬	火天大有	雷天大壮	风天小畜	水天需	山天大畜	地天泰
天泽履	兑为泽	火泽睽	雷泽归妹	风泽中孚	水泽节	山泽损	地泽临
天火同人	泽火革	离为火	雷火丰	风火家人	水火既济	山火贲	地火明夷
天雷无妄	泽雷随	火雷噬嗑	震为雷	风雷益	水雷屯	山雷颐	地雷复
天风姤	泽风大过	火风鼎	雷风恒	巽为风	水风井	山风蛊	地风升
天水讼	泽水困	火水未济	雷水解	风水涣	坎为水	山水蒙	地水师
天山遁	泽山咸	火山旅	雷山小过	风山渐	山水蹇	艮为山	地山谦
天地否	泽地萃	火地晋	雷地予	风地观	水地比	山地剥	坤为地

北斗七星灵符与十二真形灵符
道教符咒

道教是追求长生不老之术的宗教，使用符咒和祈祷等咒术。道教在中国古代的民间宗教和巫术里加入神仙和阴阳等思想。道教的五行说用五气来解释阴阳之说，推论万物百态。《易经》把阴阳之说系统化，以四象八卦来解释宇宙万物。道教的中心概念是"道"和"气"。"道"和"气"中，没有西方的神或精神的作用，其实是一种唯物宇宙论。

神仙说产生了对北极星和北斗七星的信仰。日本人称之为"北斗、北辰信仰"。在阴阳道中，这些星星被神格化，人们把它们作为妙见菩萨来崇信。右页前半部分的"北斗七星灵符"跟北辰信仰相关。两个字符为一组，上下书写，共有七组，分别代表北斗七星。后半部分的"十二真形灵符"据说是神仙传授给中国晋朝的许真君。这个也是两个字符为一组，形成十二生肖动物图。至于灵符的灵验程度，我们就不在这里谈了。

灵符是用很多曲线组成的文字，跟西洋的炼金术符号类似。一方面可能是为了保密，另一方面更为重要的是其形态可以表现其解读的万象。换句话说，是用一种像地图般的东西来表示秘密的场所。道之根本不存于任何之处。世间万物永远处于生生不息的变化状态。为风花雪月、草木、岩石等赋予生命的"变化"是道的主题。弯曲的线正是其"变化"的具体呈现。

→ 《易经》的卦　154

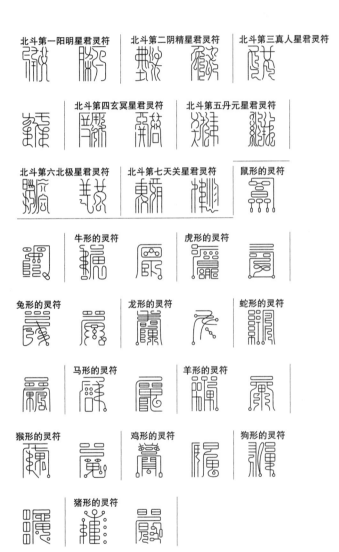

北斗第一阳明星君灵符　　北斗第二阴精星君灵符　　北斗第三真人星君灵符

北斗第四玄冥星君灵符　　北斗第五丹元星君灵符

北斗第六北极星君灵符　　北斗第七天关星君灵符　　鼠形的灵符

牛形的灵符　　虎形的灵符

兔形的灵符　　龙形的灵符　　蛇形的灵符

马形的灵符　　羊形的灵符

猴形的灵符　　鸡形的灵符　　狗形的灵符

猪形的灵符

罗桑丹贝坚赞的水平方形文字
索永布文字

1686 年，蒙古藏传佛教活佛罗桑丹贝坚赞（1635~1723）参考蒙古文、藏文、梵文及天城体文字，创造了方形的索永布文字。蒙古人将这种和欧洲文字一样由左往右横式书写的文字称为"水平的方形文字"，相对的是由左往右竖写的"垂直的方形文字"八思巴文字。索永布文字主要用在佛教相关文献上。"索永布"据说是梵语中"自在光"的谐音。

蒙 古国国旗中的索永布符号是索永布文中的开头记号。印度语系的文字在文章的开头一定会有抬头记号，就像日文中的"拜启"或"谨启"。这个开头记号成为自由和主权的代表。

这 个开头记号是集合许多寓意于一身的综合体：代表永远繁荣的"火焰"；代表神圣及永远友好的"太阳和月亮"；三角形代表"箭"，意味着和敌人战斗到底；类似巴纹的阴阳鱼象征永远，因为鱼永远不会眨眼；横的长方形是"正直"；直的长方形是"城墙"，代表坚固的防守，以及全民团结。用这个包含许多意思的符号来祈求"国家永远的繁荣"。另外，巴纹和《易经》似乎也有关系。

a	ā	i	ī	u
ū	e	ē	o	ō
ai	au	ü	ǖ	ö
ȫ				

k	kʻ	g	ng	ñ
t	tʻ	n	p	pʻ
m	c	cʻ	š	s
l	r	v	y	h
ˠ				

★十字记号──『文様の博物誌』吉田光邦著、同朋舎、1985／『国旗で読む世界地図』
吹浦忠正著、光文社新書、2003／『紋章が語るヨーロッパ史』浜本隆志著、白水uブッ
クス、白水社、2003→（1）

★乌托邦语 ──『理科系の文学誌』荒俣宏著、工作舎、1981

★共济会暗号 ──『フリーメイソン──西欧神秘主義の変容』吉村正和著、講談社
現代新書、1989

★曼宁卡文字 ──『文字の世界史』ルイ・ジャン・カルヴェ著、矢島文夫監訳、会津
洋＋前島和也訳、河出書房新社、1998

★ 亚齐德教派文字 ──『世界の文字の図典』世界の文字研究会編、吉川弘文館、
1993→（2）

★ 格拉哥里文字 ──『The Alphabetic Labyrinth──The Letters in History and
Imagination』Johanna Drucker、Thames and Hudson、1995／（2）

★切音新字──『蒼頡たちの宴──漢字の神話とユートピア』武田雅哉著、筑摩書房、
1994／『漢字と中国人──文化史をよみとく』大島正二著、岩波新書、2003

★八思巴文字──『解読古代文字』矢島文夫著、ちくま学芸文庫、1999／『砂漠に埋も
れた文字──パスパ文字のはなし』中野美代子著、ちくま学芸文庫、1994→（3）／
（2）

★《易经》的卦 ──『世界神秘学事典』荒俣宏編著、平河出版社、1981→（4）／
『易と日本の祭祀──神道への一視点』吉野裕子著、人文書院、1984

★道教符咒──『遊1004　道教＋北斗七星』「タオイズムの象徴と美学」フィリップ・
ローソン、工作舎、1978／『別冊歴史読本　特別増刊〈これ一冊でまるごとわかる〉シ
リーズ17　呪術・まじない』株式会社エトヴァス＋象編、新人物往来社、1994／
『Books Esoterica 4　道教の本──不老不死をめざす仙道呪術の世界』少年社（本田不二
雄）＋一戸久子＋小森孝志＋福士斉＋持田明美、学研、1992／（4）

★索永布文字 ──（1）／（2）／（3）

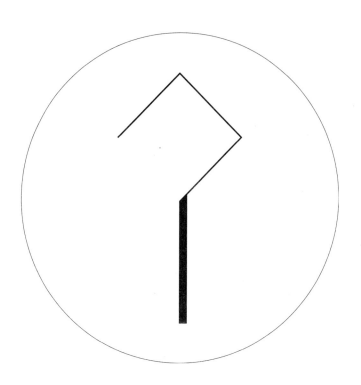

旗语信号的来源
夏沛式信号系统

远距离通信因为战时紧急情报交换而得到加速发展。传令、快马太耗费时间，而烽火、旗子能传送的情报量又很少。法国大革命时，革命政权必须和驻扎在边境的军队频繁联系才能维持治安。

1793 年，克洛德·夏沛（Claude Chappe，1763~1805）研制出利用木条开合传递情报的夏沛式臂板信号机。这个信号机的首创性在于利用臂板的形状作为单字母替代暗号来传递文字信息。用望远镜来辨识远方的信号，把收到的信号再传到更远处，用这样的方式来沟通。虽然这种通信方法容易受到气象条件的限制，但利用极少的记号，就能传送复杂而精确的情报。而且，它可以传递加密信息，密码只有情报发送者和接收者知道，保密性也比较高。

旗语信号就是源于夏沛式信号系统开发的。为了适应日文的形状，日本的片假名式旗语信号于明治时期出现。日本海军采用以后，旗语得到普及。现在，已经几乎没有人使用旗语。

→ 莫尔斯电码 018
→ 电信暗号 020

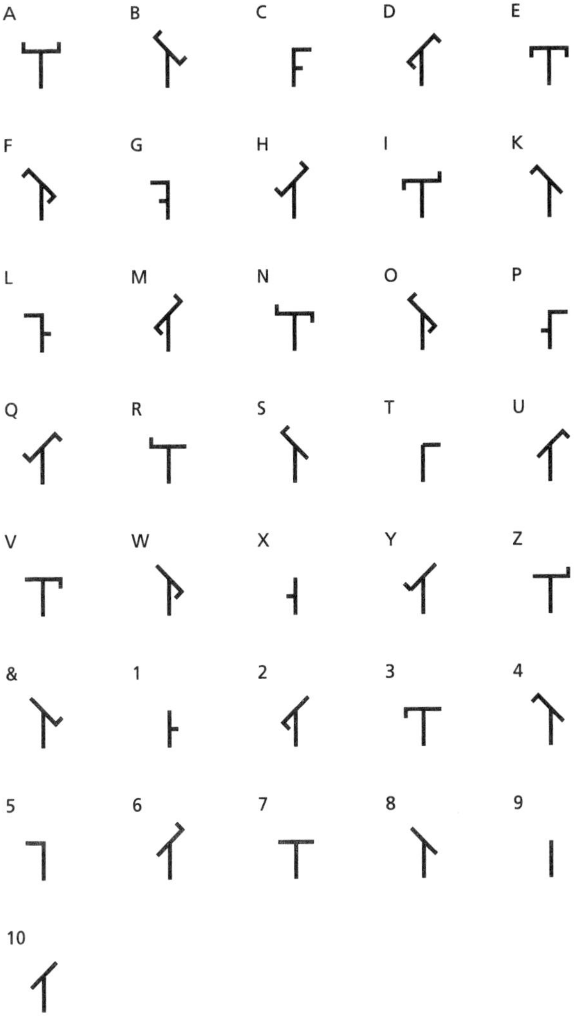
A
B
C
D
E
F
G
H
I
K
L
M
N
O
P
Q
R
S
T
U
V
W
X
Y
Z
&
1
2
3
4
5
6
7
8
9
10

将概念记号化的约翰·威尔金斯的
普遍语言

16世纪，托马斯·莫尔创造了"乌托邦"一词。17世纪开始出现许多乌托邦传奇故事，这可能是由于欧洲和世界其他地区的文化接触增多导致的。统一的世界观出现破绽，这让欧洲人感到绝望，但同时也带来创造新体系的希望。大部分乌托邦作家都追求一种包容不同文化和语言的普遍世界。

约翰·威尔金斯（John Wilkins, 1614~1672）是一位英国哲学家与科学家，后来还成为切斯特教区的大主教。他还是英国皇家学会的创始会员。他在《真文字的考察》（*An Essay towards a real Character, and a Philosophical Language*, 1668）一书中提倡"普遍语言"。仅看名称很难理解这种语言的特质。他的想法是，把经过细项分类的概念记号化，再以此为基本来组合文字，把文字加上形状、发音、意思、分类，创作出一种以性质分类、一看就能了解的语言系统。

威尔金斯认为"概念"是超越语言的。不论是用什么语言来表达，其概念的意义应该是相同的。事实上，概念和语言的关系十分密切，例如，与一个英语单词意思相近却又有微妙差异的日文词汇很多。要把它们完全对等，实际上是行不通的。如果仅限于英语圈，某种程度上，威尔金斯的方法或许可行，但需要死记硬背的内容很多，所以也不太实际。书名中的"real Character"可以译成"真正的文字（表意文字）"，也可以译成"真正的特性"，似乎只有书写的文字才是威尔金斯的研究对象，而说的语言被排除在外。但是，威尔金斯的分类法对卡尔·冯·林奈（Carl von Linne, 1707~1778）的科学分类法产生了影响。

暗号也是威尔金斯擅长的领域。虽然他曾是议会派，也曾是王权派，不是个忠贞如一的人，但因为他是当时外交上最重要的"暗号"领域的权威，所以他始终举足轻重。在研究暗号的《水星，或秘密与快速的使者》（*Mercury, or The Secret and Swift Messenger*, 1641）一书中，他写了口语的秘话术、书写语言的秘文术、记号、肢体语言的秘义术。普遍语言就是以上几项的集大成。

our	parent	who	art	in,on
heaven	thy	name	hallowed	kingdom
come	will	be	done	earth
give	day	bread	expedient	and
forgive	us,from	treſpaſſes, treſpaſs	them	against,but
lead us	into	temptation	deliver	evil
for	the	power	glory	ever
amen				

对马国卜部阿比留家的

〔神代文字……3〕

对马文字

和阿比留文字一样，对马文字是对马国卜部阿比留家传下来的。这是一种跟用火烤龟甲或骨头产生的裂纹、花纹（称为"占食"）很相似的文字。"お、ち、ゐ、ゑ、う"的部分由于虫蛀，所以形状不明。因为形状和苏美尔圣木"七枝树"相似，所以也有一说，认为对马文字来自擅长航海术的苏美尔人。

部分苏美尔人在国家灭亡之前逃出，花了几千年从陆路、海路来到绳文时代的日本列岛，建立了新的苏美尔文明。这个说法认为古代苏美尔人是日本人的祖先。也有另一种奇特的说法，认为天皇的敬称"sumeramikoto"中的"sumera"就是"苏美尔"的谐音。不过事实上"sumera"应该是日文"统治"一词的谐音。

到了弥生时代，绳文文化突然中断。原因是从大陆来的移民带来了稻米，但也传来了结核病。在那之前，绳文人没有接受过外来影响，也就没有任何免疫力，耕种的稻米使绳文人的动物性蛋白质摄入锐减，造成营养失衡。很多人患了结核病，只有外来人种和混血的人种生存了下来。据说这就是弥生人的起源。因此绳文人和弥生人是两个完全不同的民族。有人认为绳文人就是苏美尔人，也不是完全不可能。还有人坚信青森有着基督之墓。这世上的人和思想真是无奇不有，无论真假如何，这些奇奇怪怪的说法还是挺有趣的。

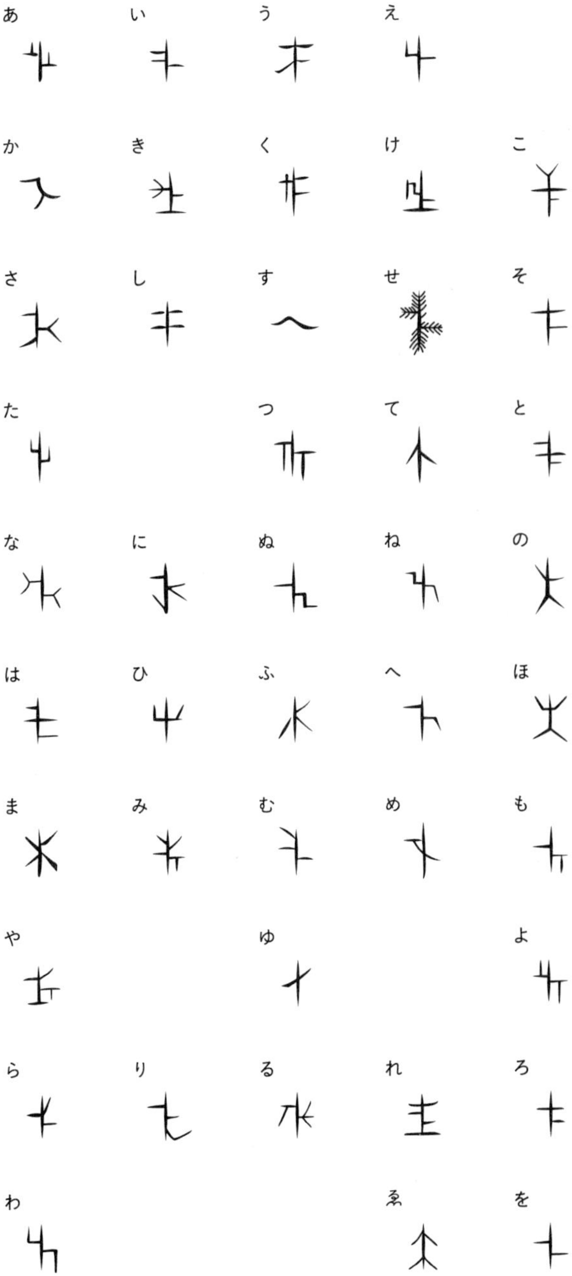
あ い う え
か き く け こ
さ し す せ そ
た つ て と
な に ぬ ね の
は ひ ふ へ ほ
ま み む め も
や ゆ よ
ら り る れ ろ
わ ゑ を

又被称为磨迩字、六行成、天名地镇的

〔神代文字……4〕

阿奈伊知文字

江户时代，萨摩藩出版的《成形图说》里首次介绍了这种文字。在平田笃胤的《日文传》中，阿奈伊知文字被称为“天名地镇”。文字以正方形里的竖、横、斜的线条所组成，右栏就是这些文字的字源图。因为也是占卜时使用的印记形状，所以也被称为“磨迩字”。因为这个图当时也用在一种称为“阿奈伊知”的游戏和一种称为“六行成”的棋戏中，所以也有“阿奈伊知文字”“六行成文字”的别称。

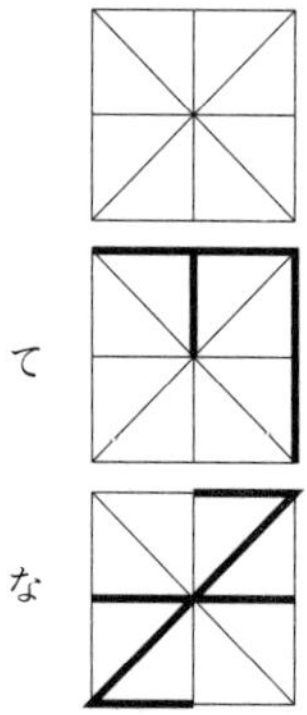

→ 丰国文字 102
→ 阿比留草文字 126
→ 对马文字 166
→ 种子文字 170
→ 守恒文字 174
→ 阿比留文字 178
→ 水茎文字 180
→ 阿波文字 240
→ 中臣文字 254
→ 秀真文字 258

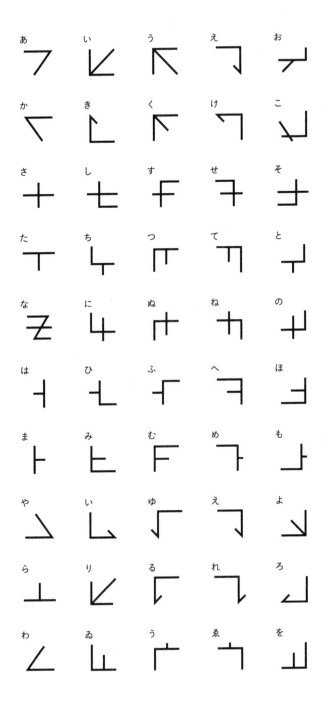

天种子命发明的

〔神代文字……5〕

种子文字

据说，这种文字是天种子命发明的，所以名为"种子文字"。右栏是字源图。

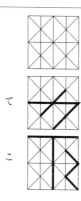

て

こ

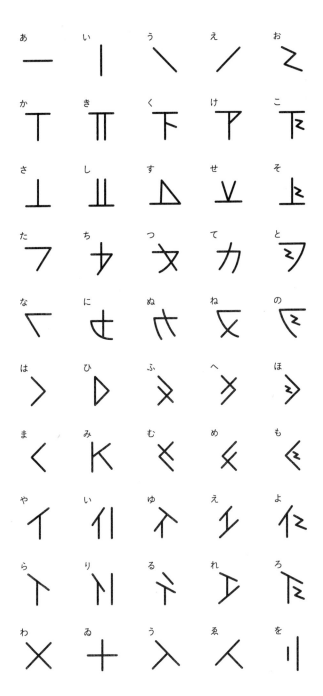

欲将中文完全符号化的刘世恩的
音韵记号

汉字的读音包含声调、声母和韵母。声调有高低音的四声（平声、上声、去声、入声），声母为一开始发声的辅音，韵母是除去声调和声母的其他所有音。例如，马的读音是"mǎ"，声调是"ˇ"，声母是"m"，韵母是"a"。如何表记汉字的读音是个很重要的问题。

清朝末期，汉字拉丁化表记盛行，出现了很多新字创造者。他们认为应该打破中国音韵学的传统。1909年，刘世恩创造了"音韵记号"，把所有汉字都转换成单纯的记号，甚至比拉丁化更激进。这种记号以文字完全符号化为目标，可以说是汉字版的拉班舞谱符号（→p.056）。

两拼音法举例

平　上　去　重轻音

拼媒母韵拼法　　父音拼媒拼法

中村松亭纪守恒的

〔神代文字……6〕

守恒文字

据说是中村松亭纪守恒传下来的，所以称为"守恒文字"。也有一种说法认为此文字的起源是"天降地成"。右栏是字源图。

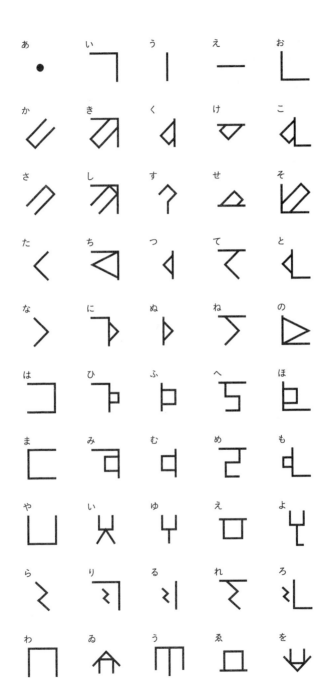

欲提高文字传达速度的杨琼和李文治的
形声通用文字

清朝末期的新文字改革运动可以分为三大类：一是以罗马拼音为主，二是以汉字为主，三是着眼于速记。杨琼和李文治的形声通用文字以汉字为主。1905年，杨琼和李文治在日本出版了新字手册《形声通》，其中提到因为交通工具的急速发展，所以需要能更迅速传达思想的沟通方法。他们认为汉字依然可以保留，但需要想出更迅速的表达方法。于是，他们提出用20个韵母加上24个

声母组合成字的方法。可使用的文字数量为20×24＝480个。但是，相较于拉丁字母只有26个，这种形声通用文字却有480个之多，要全部记住很不容易。下面是四个形声通用文字的组合范例。

韵母二十名表

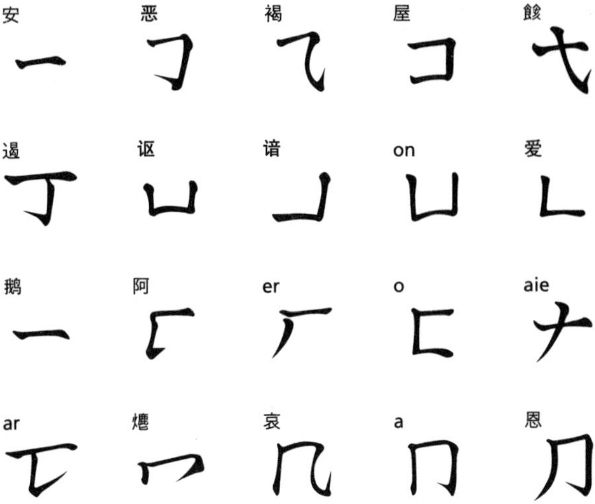
安
恶
褐
屋
餕
遏
讴
谙
on
爱
鹅
阿
er
o
aie
ar
熝
哀
a
恩

声母二十四名表

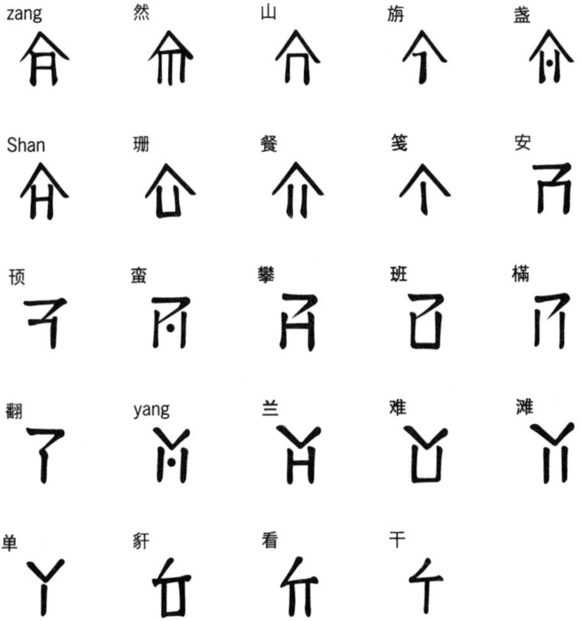
zang
然
山
旃
盏
Shan
珊
餐
笺
安
顸
蛮
攀
班
樠
翻
yang
兰
难
滩
单
豻
看
干

和朝鲜文字很像的

〔神代文字……7〕

阿比留文字

据平田笃胤所说，这是对马国占阿比留家留传下来的文字。也被称为"日文字"或者"肥人书"（熊本产的文字）。"占（卜）部"是古代专司占卜之职的神官家族。也有另一种说法认为，是先有阿比留文字传下来，才有阿比留家这个名称。阿比留文字有竖写和横写两种形式，竖写为"阿比留文字"，横写为"阿美子阿比留（Amekoahiru）文字"。竖写由横写演变替换而成。

横写是件很不可思议的事。明治以前，日本的文字基本上是竖写的。明治以后，随着外国书体的流入，才出现了由左往右横写的日文，但主要还是竖写。直到明治五年或六年，才逐渐演变出右横写的文字。左横写的出现是战后才有的。远古存在的神代文字竟然已经是横写的，这实在太神奇了。

此外，阿比留文字也可写成"天日文字"，意为组成白天和黑夜，支配早、午、晚的是太阳的光线。有说法认为，太阳光的直线创造出文字的基本形状。

由于字形和朝鲜文字很相似，落合直澄著《日本古代文字考》（1888）中将它当成从朝鲜传到日本的谚文（朝鲜文）。这是一种牵强附会的说法。朝鲜文字（意为"伟大的文字"）是1446年由李朝的世宗（1418~1450在位）以"训民正音"之名公布的。一般认为，其字形的来源是八思巴文字（→p.152）。

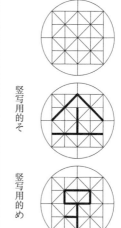

竖写用的そ

竖写用的め

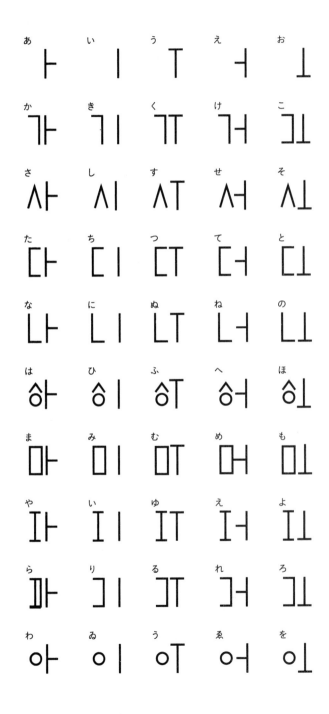

大石凝真素美的直觉产生的

〔神代文字……8〕

水茎文字

明治十五年（1882）前后，近代言灵论（译注：言灵一词出自神道教，指语言的灵魂力量）者大石凝真素美（1832~1913）在滋贺县蒲生郡冈山村大字龙王崎上观察琵琶湖时，目击湖面上出现了一种图案，维持相同形状30分钟，消失后又再度出现。她认为是神字，就将图案当成文字记录下来。这就是"水茎文字"。

大石凝为什么会观察湖面？为什么出现的文字形状不是流线型，而是几何图形？看来她不是普通人。出生于甲贺流忍术宗家望月家的大石凝把水茎文字75音当成古代日文的音节数，给每个字赋予符咒的意义，甚至形成宇宙论之说。这种言灵论后来影响了大本教的出口王仁三郎（1871~1948）。

が	ぎ	ぐ	げ	ご
ざ	じ	ず	ぜ	ぞ
だ	ぢ	づ	で	ど
ば	び	ぶ	べ	ぼ
ぱ	ぴ	ぷ	ぺ	ぽ

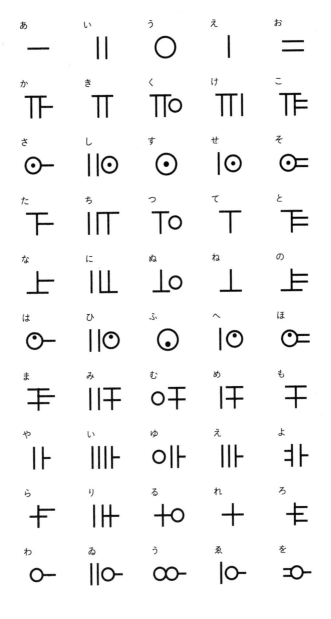

克莱蒙特自格拉哥里文字发展而来的
西里尔文字

西里尔和哥哥美多迪乌被派遣到斯拉夫传播希腊正教。为了誊写古老教会的斯拉夫文，他们发明了格拉哥里文字。美多迪乌的弟子克莱蒙特借用希腊文字的24或25个字母，与6个简化的格拉哥里文字组合，创造出被称为西里尔文字的43个字母。西里尔跟西里尔文字的创作虽然没有直接关系，但因为记录斯拉夫语的功绩值得赞赏，所以他的名字被用来命名"西里尔文字"。俄国的彼得大帝（1672~1725）把西里尔文字减少为34个字母。

1054年，罗马天主教和希腊正教分裂。克罗地亚属罗马天主教，塞尔维亚属希腊正教。语言上，克罗地亚使用罗马文字，塞尔维亚使用西里尔文字。其对立的根源可以追溯到一千年以前。宗教之墙之所以无法跨越，原因就在宗教本身。

没有特别记号的字母转借自希腊字母。○围起来的是新创造的文字，□里的来自格拉哥里文字，下标直线的文字来由不明，下标波浪线的是合成文字。

→ 格拉哥里文字　148

a (1)	b	v (2)	g (3)	d (4)
e (5)	z̃	dz (6)	z (7)	i (8)
i (10)	ǵ	k (20)	l (30)	m (40)
n (50)	o (70)	p (80)	r (100)	s (200)
t (300)	u (400)	f (500)	ḫ (600)	o (800)
št	c (900)	č (90)	š	ŭ
y	b	ě	yu	ya
ye	ę (900)	ǫ	yę	yǫ
ks (60)	ps (700)	th (9)	ü (400)	

参考文献

★ 夏沛式信号系统 ──『セレクト版第2版 記号の事典』江川清＋青木隆＋平田
嘉男編、三省堂、1987／『「知の再発見」双書39 記号の歴史』ジョルジュ・ジャン著、
矢島文夫訳、創元社、1994
★普遍語言──『The Alphabetic Labyrinth──The Letters in History and Imagination』
Johanna Drucker、Thames and Hudson、1995／『ちくまライブラリー59 ガリレオた
ちの仕事場』金子務著、筑摩書房、1991／『たのしい知識 GS1 特集：反ユートピア』
「ユートピアのことば、ことばのユートピア──ユートピアとしての十七世紀〈普遍学〉」
高山宏、冬樹社、1984
★神代文字──『日本神代文字──古代和字総観』吾郷清彦著、大陸書房、1975／『世
界の文字の図典』世界の文字研究会編、吉川弘文館、1993→（1）／『記号と言霊』鎌
田東二著、青弓社、1990／『ユダヤに盗み取られた 古代シュメールは日本に封印され
た』太田龍著、日本文芸社、1995／『近代日本のデザイン文化史1868-1926』榧野八束
著、フィルムアート社、1992
★音韻記号──『蒼頡たちの宴──漢字の神話とユートピア』武田雅哉著、筑摩書房、
1994→（2）／『漢字と中国人──文化史をよみとく』大島正二著、岩波新書、2003
★形声通用文字──（2）
★西里尔文字──『世界言語文化図鑑──世界の言語の起源と伝播』バーナード・コム
リー＋スティーヴン・マシューズ＋マリア・ポリンスキー編、武田房訳、東洋書林、
1999／『文字の世界史』ルイ・ジャン・カルヴェ著、矢島文夫監訳、会津洋＋前島和也
訳、河出書房新社、1998／（1）

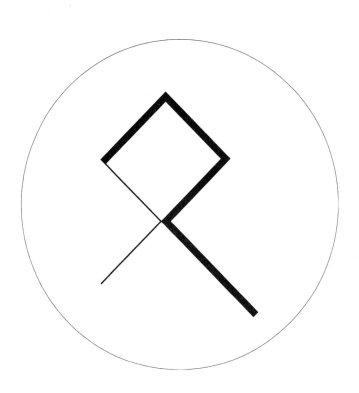

从古代凯尔特手语发展出的
欧甘文字

欧甘文字是4至7世纪时生活于爱尔兰南部的凯尔特人使用的文字。当时基督教尚未传到凯尔特。这些刻在石头和木头上的线条文字，以凯尔特神话里善辩的大力神欧甘（Ogma，日耳曼神Odian）来命名。大力神以其口才及用词为民众所崇拜。为了便于将凯尔特的德尔威（Druwid，意为博学者）僧侣所使用的手语刻在木头上，这种文字全部以水平线、垂直线和斜线组成。德尔威否定文字，几乎都是口口相传，只剩下这些线条文字。

基督教传来后，《凯尔经》中没有圣人的插画，反而充满了以稠密的凯尔特线绳装饰的特大字母图案。可见当时对文字灵力的重视。

也有人说欧甘文字是条形码的始祖，与莫尔斯电码功能类似，可以作为暗号使用。右页即为暗号对应的字母和解读。事实上，欧甘文字只有20个字符，再加上几个辅助记号，范例中由左上到右下的斜线文字V~Z是不存在的。德尔威僧侣信仰泛灵论（Animism），崇拜自然，对树也有强烈的信仰，相信欧甘文字具有魔力，所以每一个字母都可以对应一种树木的名称。

右页下表中，最左列的字母是暗号对应的字母，第二列是实际使用的欧甘文字对应的字母，接着是树木名称的英文、中文及其所象征的意义。

→ 卢恩文字　194

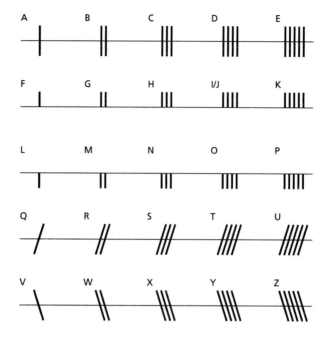

A	A	silver fir	枞树	眺远、看穿
B	O	furze	荆豆	收集、谈话
C	U	heather	石南花	和内心的联结、所有的疗愈
D	E	white poplar	白杨	预防疾病、促进再生
E	I·J·Y	yew	紫杉	再生与永劫
F	H	hawthorn	山楂	净化、贞节、守护
G	D	oak	橡树	谜宫的入口、坚强、守护
H	T	holly	冬青树	作战
I J	C·K	hazel	榛树	直观
K	Q	apple	苹果	美的选择
L	B	birch	桦木	新的开始、净化
M	L	rowan	花楸	魔法的守护、五感的控制
N	F·V	alder	赤杨	神托、守护
O	S	willow	柳树	夜的视野、月的韵律、女性特质
P	N	ash	梣木	内和外的世界的联系、极大与极小
Q	M	vine	葡萄	预言
R	G	ivy	常春藤	寻找自我
S	Ng	reed	芦苇	行动
T	St·Ss·Z	blackthorn	黑刺李	没有选择权、净化
U	R	elder	接骨木	开始的结束、结束的开始

很像汉字四角号码的
德拉・波尔塔暗号……1

16世纪的意大利科学家波尔塔（Giambattista della Porta, 1538~1615）所著的《秘密暗号论》（*De furtivis leterarum notis vulgozypheris libri quinque*, 1563）一书中有三种单换字暗号。除了本页，本书190和192页收录了另外两种。波尔塔和同时代的其他科学家（伽利略等）一样，对魔法也很有兴趣。他曾认为通过磁石能够得知女性是否贞洁，还有可以让女性宽衣解带之类的奇怪魔法。总之，他对暗号也有着极大的兴趣。

下面的暗号组成和汉字四角号码很相似。四角号码是一种将汉字四角笔画形状以数字表示的方法。这种暗号没有留下详细的说明，在此纯属推测，看起来像用四个字母组成一个字。左上与右页的字母相同，右上则与右页的字母左右相反，左下是上下颠倒，右下则是左右上下反转。试着解读一下最前面的四个字，分别为 MUTL、ISLC、ADBI、UYLU。这应该是拉丁文或希腊文。不清楚其意思，或许这还是一种暗号的表示。

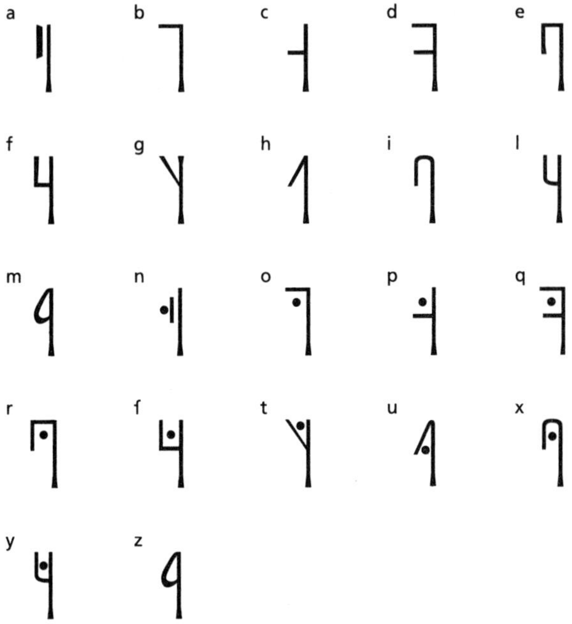
a
b
c
d
e
f
g
h
i
l
m
n
o
p
q
r
ſ
t
u
x
y
z

6个字母组成一个文字的
德拉·波尔塔暗号……2

这也是推测。以下的暗号，须同时使用3个波尔塔字母才能组成一种暗号。前文谈到四角暗号的解读。右页的字母是前一页文字的竖写形式。二者要结合起来使用。下面的组合暗号以不同的角度显示文字。

如此一来，四角4个字母，一个竖写的字母，再加上一个不同角度的字母，总计6个字母组成一个字。解读起来很麻烦，下图第一个文字应该解读为EELUXO。

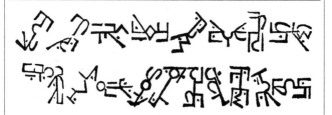

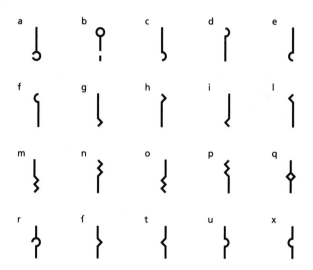

关键字和暗号表组成的
德拉·波尔塔暗号······3

波尔塔对暗号的贡献不仅如此。自恺撒时代以来，单换字暗号像变魔术般出现。9世纪的阿拉伯学者想出了解读法，那就是确认字母的出现频率法。以英文来看的话，"e"的出现频率高，接着出现频率高低的顺序大抵是：taoinsrhldcumfpgwybvkxjqz。

15世纪的建筑师莱昂·巴蒂斯塔·阿尔伯蒂（Leon Battista Alberti, 1404~1472）想到一种让两个暗号字母各互换一个文字的方法。这算是暗号史上划时代的事件。后来，德国的修道院长特里特米乌斯（Johannes Trithemius, 1462~1516）、法国的外交官维琼内尔（Blaise de Vigenere, 1523~1596）和德拉·波尔塔又对此方法有更详细的研究。

波尔塔的暗号称为"duegraphic（due意为二）暗号"，两个字两行为一组，上一行为A~M的13个字母，下一行为N~Z的13个字母。依照下一行进行的话，将逐渐错开一个字（用图来解说比较容易理解，文字太麻烦，这里省略）。波尔塔也是史上第一个导入关键字的人，发明了关键字和暗号表一起使用的革命性方法。

维琼内尔把波尔塔的方法加以整理后，变得比较易于使用，之后，这种暗号法就称为"维琼内尔暗号"。但是，强而有力的维琼内尔暗号在1854年也被曾创造出电脑雏形的巴贝吉（Charles Babbage, 1792~1871）解开。单换字暗号可依字母出现分布的频率来解开，多换字暗号则可以用出现频率高的单字（如the等）为关键字，配合维琼内尔矩阵找到解读的线索。

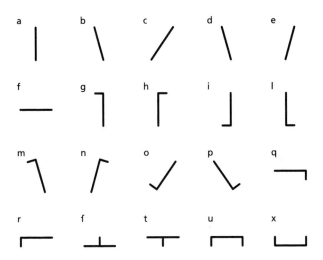

北方神秘主义不可或缺的
卢恩文字

北欧维京人使用的卢恩文字大约出现于公元1世纪，用来书写某些日耳曼语。古代冰岛文的"runar"、古代撒克逊文的"runa"和爱尔兰文的"run"等都有"秘密"的意思，多被使用在秘术、占卜等方面。最早的日耳曼卢恩文字有24个字母，据说是参考拉丁文字或希腊文字或伊特鲁里亚文字而创造的。和欧甘文字一样，卢恩文字多刻在木头上，所以很少使用不容易刻的笔划。与希腊文的字母排列顺序不同，依据前几个字母的组合，卢恩文字也被称为"futhark"。5世纪时，为了表现盎格鲁–撒克逊的语言，出现了31个字母的"futhork"。到7世纪时，因罗马字的出现，这些文字大多消失，只在部分地区还在使用。

夸耀日耳曼民族的阿道夫·希特勒（Adolf Hitler, 1889~1945）利用意为"胜利"（sieg）的卢恩文字"s"，二字重叠，创造出倒卍的纳粹符号。除了骷髅标记，党卫军（Schutzstaffel=SS）发明的双"S"符号对犹太人来说也是恐怖的烙印。也有说法认为，希特勒是沿用了提倡排挤犹太人和雅利安人至上主义的朗次（Adolf Josef Lanz, 1874~1954）和李斯特（Guido von List, 1848~1919）采用的闪族语中没有的倒卍旗。维京人使用的箭锋上就刻有钩十字符号，而在很早以前，德国人就把四叶草图案当成招来幸福的护身符。使用大众熟悉的符号想必也是原因之一。

共济会会员凡尔纳（Jules Verne, 1828~1905）的《地心游记》（1865）中提到，12世纪的爱尔兰古书中所夹的羊皮纸纸片上写着卢恩文字。怎么看那都像是拉丁文的暗号，似乎是炼金术士创造的。通过解读发现文章是倒着写的，记载着到达地球中心的方法。小说的主人公学者黎登布洛克（Lidenbrock）的名字就有"大开眼界"的含意。这趟地底旅行的出发点是为了成长，从地底的火山逃到充满光的地上。有人认为这样的旅程宛如炼金术的过程。

→ 欧甘文字　186

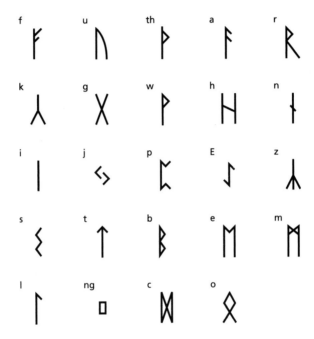

在欧洲代代演变相传的
家徽

在欧洲，象征王侯和贵族权威的徽章和纹章图案（emblem）很普遍。代表家族和部族所有权的家徽也很流行。最古老的或许可以上溯到有历史记录以前，但大多数是在6到8世纪期间开始流行的。一般由家长传给长子，代代相传。

大部分徽章由水平线、垂直线和45度斜线构成。简单的形状容易辨识和使用，农民可以刻印在农具上，渔夫可以刻在渔具上，工匠可以印在制品上。这些习惯主要在德国流行，扩展到比利时、荷兰、法国北部、瑞士、意大利北部等地。石匠在建筑教堂堆砌石块时，也会在所属的防卫墙上刻家徽。这后来发展成共济会的记号和徽章。如此一来，原本根据血缘关系传承的家族标志，逐渐演变成体现防卫同盟关系的徽章。

这些简单符号的由来虽然并不清楚，但根据其形状来推断，可能跟卢恩文字有关系。

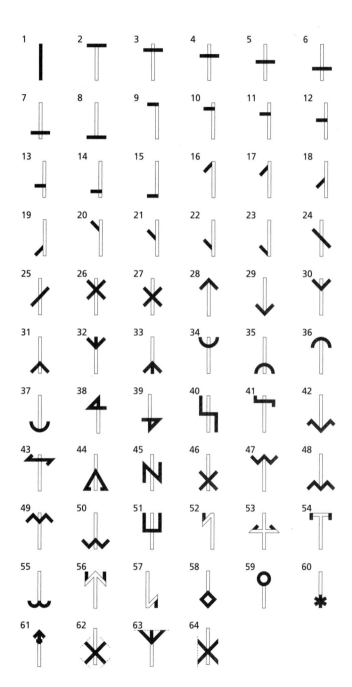

R-7

把文字以数字来分割也可当成暗号的沈韶和的
数码文字

1905年，汉语表音新文字改革运动的主要人物王照（1859~1933）的“官话字母”（表音文字）大流行，在中国广为使用。这种省略了汉字偏旁的简化文字，很容易被误认为汉字。王照想仿照日本人同时使用汉字和假名以提高识字率的做法，认为如此一来，中国人的识字率也会提高。劳乃宣（1845~1921）根据这个以北京音为主的官话字母创作出以南方音为基础的“合成简字”，于同一年发表。受到这股改造运动影响的沈韶和认为合成简字并不简单，于是在上海出版了《新编简字特别课本》（1906），发表了表音文字“数码文字”。

数码为数字的表记法。将表音文字的每一个字都以数字来替代，只要按韵母、声母、声调的顺序说出数字，就能知道是哪个字。这也可以当成暗号来使用。声母在左边，韵母在右边。右图即是几个范例，汉字表示其意思。

尚
重
节
农
俭
桑
以
衣
惜
足
财
食
用

→ 闽腔快字　116
→ 新字瓯文　128
→ 切音新字　150
→ 音韵记号　172
→ 形声通用文字　176
→ 注音字母　238

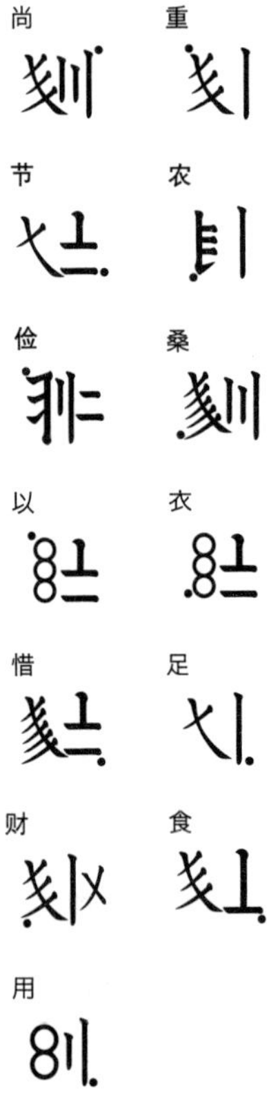

声母 (左)

1	2	3	4	5
6	7	8	9	10
11	12	13	14	15
16	17	18	19	20
21	22	23		
24	25	26	27	

韵母 (右)

1	2	3	4	5
6	7	8	9	10
11	12	13	14	15
16	17	18	19	20
21	22	23	24	

旧石器时代洞窟里描绘的男女
性器符号

安德鲁·拉洛伊–葛汉（André Leroi-Gourhan, 1911~1986）采集整理出旧石器时代洞窟画中的男性性器和女性性器的记号。动物图像的洞窟画在公元前32000年的欧里亚克（Aurillac）就已出现，也很早就能看见女性和男性的性器图像。公元前15000～前2200年的格拉维特（Gravet）和梭鲁特（Solutre）出现了许多简化的性器符号。彩色的写实动物图像和喷涂的手图像也在这个时期出现。其中有许多缺损的手的图像，原因不明。这些图像在公元前9000年的马德莱娜（Madeleine）时期衰退。据安德鲁·拉洛伊–葛汉所言，旧石器时代是女性为主的时代，这些性器的象征，尤其是女性性器记号多使用在仪式中，祈求丰饶和多产。

安德鲁·拉洛伊–葛汉把洞窟的画分成两种几何学图像来思考，将线状α记号理解为男性，图形β记号为女性。洞窟画里描绘的就是生活空间。安德鲁·拉洛伊–葛汉认为洞窟本身就可以看成是女性性器。因为发现洞窟的入口处有着α记号，而内部有许多β记号。

安德鲁·拉洛伊–葛汉将包含女性、男性记号的洞窟画命名为"神话文字"，和图文字等的线型文字群做区分，将之定义为有特殊意图和意义的文字。也就是说："图的呈现不是为了单纯地重现现实，而是从某种抽象的意义开始的……象征艺术根本之处和语言活动有着直接的关联，与其说是艺术作品，不如说更接近于广义的书写。"（《动作和语言》）

右页图的上方将男性性器记号以字母表示，下方则以数字来表示女性性器记号。

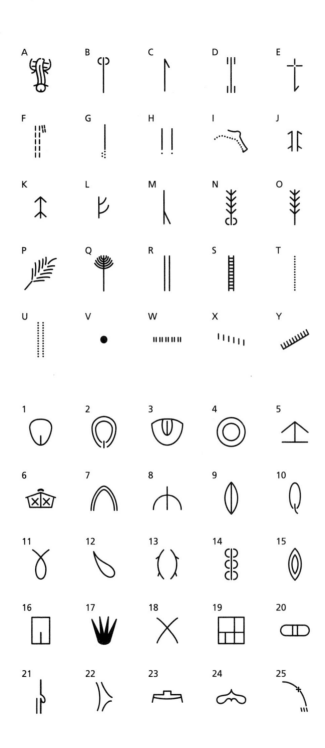

所有印度文字的始祖
婆罗米文字

说到婆罗米就让人联想到佛教的梵天。婆罗米文字源自有着腓尼基文字传承的闪族文字，诞生于公元前3世纪，是印度两大古代文字之一。另一古代文字佉卢文字（Kharosthi）在印度衰落，婆罗米文字成为印度后来所有文字的始祖。

意为"驴子之唇"的
佉卢文字

公元前3世纪到公元5世纪,印度西北部使用佉卢文字。它是在波斯阿契美尼德(Achaemenid)帝国统治期间从公用语的亚拉姆文字衍生而来。当时的印度有两大文字系统,即佉卢文字和婆罗米文字。佉卢文字因字数多而复杂,终致衰落,完全被婆罗米文字取代。

佉卢在梵文中意为"驴子之唇"。有一种说法认为佉卢文字是"佉卢"仙人所创造,另一种说法则认为是从佉卢国名而来。

a	i	u	e	o	aṃ
ꡂ	ꡠ	ꡃ	ꡙ	ꡗ	ꡜ

ka	ǰa	ṅa	pa	ra
ꡁ	ꡨ	ꡖ	ꡄ	ꡘ

kha	ña	ta	pha	la
ꡗ	ꡛ	ꡗ	ꡇ	ꡙ

ga	ṭa	tha	ba	va
ꡤ	ꡗ	ꡟ	ꡃ	ꡓ

gha	ṭha	da	bha	sa
ꡥ	ꠀ	ꡅ	ꡗ	ꡱ

ča	da	dha	ma	sa
ꡐ	ꡀ	ꡅ	ꡏ	ꡟ

čha	ḍha	na	ya	sa
ꡑ	ꡝ	ꡋ	ꡭ	ꡞ

				ha
				ꡜ

蒙古帝国为了翻译佛经而创造的

阿里嘎里字母

建立蒙古帝国的成吉思汗（1162~1227）因为蒙古没有文字，于是采用畏兀字以书写蒙古语。这种文字称为回鹘式蒙古文，最大的不同在于把畏兀字的左横写改成左竖写。16世纪，为了便于转译佛经，喀喇沁僧人阿尤喜固什，总结前人的经验和成果，编制出一套音标系统——阿里嘎里字母。用阿里嘎里字母可以表达所有的藏、梵语语音，且可以表达诸蒙古语所无之辅音群。此时部分古语遂弃而不用。

a	â	i	î	u
û	e	ai	o	au
aṃ	aḥ	k	kh	g
gh	ṅ	č	čh	ǧ
gh	ñ	ṭ	ṭh	ḍ
ḍh	ṇ	t	th	d
dh	n	p	ph	b
bh	m	j	r	l
w	ṡ	š	s	h
ks	sz	sz	ˆ	sh

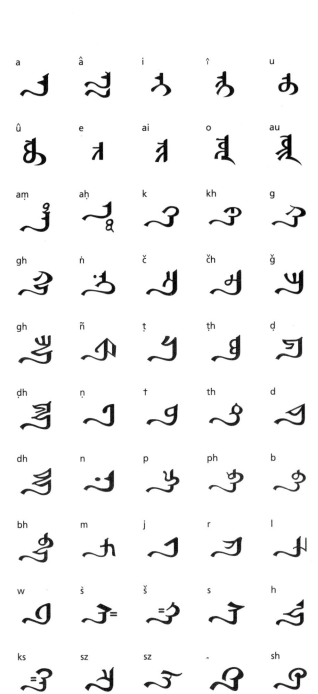

★ 欧甘文字 ──『世界の文字の図典』世界の文字研究会編、吉川弘文館、1993→
(1) ／『暗号攻防史』ルドルフ・キッペンハーン著、赤根洋子訳、文春文庫、2001／
『世界言語文化図鑑──世界の言語の起源と伝播』バーナード・コムリー＋スティーヴ
ン・マシューズ＋マリア・ポリンスキー編、武田房訳、東洋書林、1999→ (2) ／『解
読古代文字』矢島文夫著、ちくま学芸文庫、1999→ (3) ／『ケルト／装飾的思考』鶴
岡真弓著、筑摩書房、1989

★徳拉・波尔塔暗号──『The Alphabetic Labyrinth──The Letters in History and
Imagination』Johanna Drucker、Thames and Hudson、1995／『たのしい知識　GS1
特集：反ユートピア』「ユートピアのことば、ことばのユートピア──ユートピアとし
ての十七世紀〈普遍学〉」高山宏、冬樹社、1984／『暗号解読──ロゼッタストーンから
電子暗号まで』サイモン・シン著、青木薫訳、新潮社、2001

★卢恩文字 ──『文字の世界史』ルイ・ジャン・カルヴェ著、矢島文夫監訳、会津洋
＋前島和也訳、河出書房新社、1998→ (4) ／『自殺へ向かう世界』ポール・ヴィリリ
オ著、青山勝＋多賀健太郎訳、港千尋序文、NTT出版、2003／『紋章が語るヨーロッパ
史』浜本隆志著、白水uブックス、白水社、2003→ (5) ／『ジュール・ヴェルヌの暗号
──レンヌ＝ル＝シャトーの謎と秘密結社』ミシェル・ラミ著、高尾謙史訳、工作舎、
1997／ (1) ／ (3)

★家徽 ── (5)

★数码文字──『蒼頡たちの宴──漢字の神話とユートピア』武田雅哉著、筑摩書房、
1994／『漢字と中国人──文化史をよみとく』大島正二著、岩波新書、2003

★性器符号──『美術の始源』木村重信著、新潮社、1971／『身ぶりと言葉』アンド
レ・ルロワ＝グーラン著、荒木亨訳、新潮社、1973／『「知の再発見」双書39　記号の
歴史』ジョルジュ・ジャン著、矢島文夫訳、創元社、1994／『季刊自然と文化25　特
集：動物霊力』「始源の象徴──ルロワ＝グーランと動物シンボリズム」蔵持不三也、日
本ナショナルトラスト、1989／ (4)

★婆罗米文字 ── (1) ／ (2)

★佉卢文字 ── (1) ／ (2)

★阿里嘎里字母 ── (1)

中世纪基督教圣歌发展出五线谱
音乐符号

使用五线谱的表音谱法。五线谱的历史和中世纪基督教圣歌的历史成平行发展。五线谱出现之前，有各种记谱的方法。乐器和民族音乐等现在依然存在着许多五线谱以外的独特记谱法。现代音乐也从五线谱的桎梏中解放，图谱记号自由多样。

五线谱以前的乐谱，有依音乐的主题而用文字记号表记的动机谱（Ecphonetic），在歌词上加音调记号的纽姆谱（Neumatic Notation），以文字表示音高的文字谱，以文字、数字写上乐器演奏法的指法谱（Tablature）记谱法等。吉他等的TAB谱就是指法谱。

9世纪时，随着格列高利圣咏（Gregorian Chant）的诞生，出现了没有谱线的纽姆谱。这被称为手势记谱法（Cheironomic Neuma）。到10世纪，意大利和英国开始画谱线。11世纪有了菱形音符的四线谱，也可以表记音高。13世纪的定量记谱法几乎确立了乐谱的形式。15世纪，意大利和法国等地，键盘乐器的记谱法不断发展。这是五线谱的由来。17世纪又加上了直的小节线。18世纪末，近代记谱法五线谱确立。

巴赫（Johann Sebastian Bach, 1685~1750）和贝多芬刚好出生在这期间。巴赫的时代还没有速度记号。19世纪初的贝多芬时代，节拍器（metronome）开始贩售，接近现在的五线谱已开始使用。

明治文字改革运动先锋小岛一腾的
日本新字

明治时期，政府为了赶超欧美而掀起国家文字改革运动。其先驱小岛一腾在1886年（明治十九年）刊行《日本新字》，提出废除日文中的汉字，使用模仿24个拉丁字母的文字。但是，这24个字加上4种横线创造出204个正字和609个变音，原本简单的文字表一下变得很复杂。右图为日本新字的一部分。方形框里的文字为基本字加上横线的变形文字。

成为彻罗基国诞生契机的西可亚的
彻罗基文字

说到美国印第安人就不得不说到其悲惨的命运。彻罗基文字的命运也是如此。居住在北美东南部佐治亚、田纳西、亚拉巴马一带的彻罗基族也曾遭受白人入侵者的压迫。彻罗基族的西可亚（Sequoya, 1760~1843）虽然是与白人的混血，但他否定白人的文化，执着于彻罗基固有的文化。后来，他察觉到白人的优越感来自拥有语言文字的沟通途径，因此一心希望彻罗基族也能拥有自己的文字。他花了12年时间研究文字，终于在1821年发明了有85个字母的彻罗基文。彻罗基族因此成为北美唯一拥有文字的印第安种族。

文字可以记录并传递信息。彻罗基人因此在白人面前获得自信，并且在文字发明后几年就达到了文盲率为零的奇迹。1827年，彻罗基族以英文和彻罗基文制定了宪法，隔年选出总统，彻罗基国因而诞生。他们还发行了英文和彻罗基文双语周报。但讽刺的是，彻罗基族与白人同化的情形越来越普遍，甚至出现了比当地白人还要富裕的彻罗基人。

美国不可能承认彻罗基为独立国家。有人在彻罗基国发现金矿，白人趋之若鹜，不但想要黄金，连土地都想要。佐治亚州议会夺走了彻罗基族的土地，并禁止其集会。至此，彻罗基国事实上已经灭亡。1830年，美国甚至制定了"印第安人迁移法"（Indian Removal Bill）的法律，想把彻罗基族赶出去。这个迁移计划迫使彻罗基族人步行1300公里。1838年，许多彻罗基印第安人因此而丧命。印第安人将这个悲剧称为Nuna-da-ut-sun'y（英文即The Trail of Tears，意为"泪之路"），将之深印在记忆中。

→ 克里文字 068

	a	e	i	o	u
	Ꭰ	Ꮢ	Ꮖ	Ꭳ	Ꮕ
ga	Ꭶ	Ꭸ	Ꭹ	Ꭺ	Ꭻ
ha	Ꭽ	Ꭾ	Ꭿ	Ꮀ	Ꮁ
la	Ꮃ	Ꮄ	Ꮅ	Ꮆ	Ꮇ
ma	Ꮉ	Ꮊ	Ꮋ	Ꮌ	Ꮍ
na	Ꮎ	Ꮑ	Ꮒ	Ꮓ	Ꮔ
gwa	Ꮖ	Ꮗ	Ꮘ	Ꮙ	Ꮚ
sa	Ꮜ	Ꮞ	Ꮟ	Ꮠ	Ꮢ
da	Ꮣ	Ꮥ	Ꮧ	Ꮪ	Ꮫ
dla	Ꮬ	Ꮮ	Ꮯ	Ꮰ	Ꮱ
dza	Ꮳ	Ꮴ	Ꮵ	Ꮶ	Ꮷ
wa	Ꮹ	Ꮺ	Ꮻ	Ꮼ	Ꮽ
ya	Ꮿ	Ᏸ	Ᏹ	Ᏺ	Ᏻ
ö	Ꭵ	Ꭼ	Ꮂ	Ꮈ	Ꮕ
gwö	Ᏽ	Ꮝ	Ꮙ	Ꮱ	Ꮷ
wö	Ꮽ	Ᏸ	ka	kna	nah
s	ta	te	ti	tla	

吸收琐罗亚斯德教文字的圣梅斯洛普的

亚美尼亚文字

与格鲁吉亚、土耳其、伊朗接壤的亚美尼亚在4世纪初成为世界第一个接受基督教为国教的国家。406年，为了不向希腊文屈服，圣梅斯洛普·马须托斯（Mesrop Mashtotz, 361~440）创造了亚美尼亚文字来翻译《新约圣经》。虽然亚美尼亚文字的灵感来自希腊文字母，但文字的形状是以琐罗亚斯德教（Zoroastrianism）典籍《阿维斯陀》（Avesta）里记载的阿维斯陀文字为基础创作出来的。亚美尼亚文没有区分"他、她"等的单性语，有36个字母（之后变成38个），现在依然流通使用。马须托斯还在410年创作了格鲁吉亚文字。

阿维斯陀文字出现于波斯萨珊王朝（Sassanid），以发展自亚拉姆文的帕哈拉维文（Pahlavi）行书体为基础，把帕哈拉维文字辅音的同形异字去除，加上元音而成。

→ 克里文字　068

a	b	g	d	e
Ⴀ	Ր	Գ	Դ	Ն

z	ē	ə	t̕	ž
Ձ	Է	Ը	Թ	Ժ

i	l	x	c	k
Ի	Լ	Խ	Ծ	Կ

h	j	t	č	m
Հ	Ձ	Ղ	Ճ	Մ

y	n	š	o	č
Յ	Ն	Շ	Ո	Չ

p	ǰ	ṙ	s	v
Պ	Ջ	Ռ	Ս	Վ

t	r	c	w	p̕
Տ	Ր	Ց	Ւ	Փ

k̕	ō	f
Ք	Օ	Ֆ

记录圣术的
炼金术密码……2

炼金术士身为执行圣术的神职人员，也是呼唤精灵、引诱人进入秘教的巫师，同时身兼冶金工匠。民众尊敬他们，却也轻视他们。轻视的理由在于，在民众眼中，他们只是想炼取黄金的拜金主义者。

但是，炼取黄金只是他们工作的一部分，他们主要的研究是为了提高自己地位的一种宗教行为。他们的实验是仿效神的创造行为，让极大的宇宙和极小的分子产生共鸣。因此，炼金术符号象征系统是提高神性的重要方面。

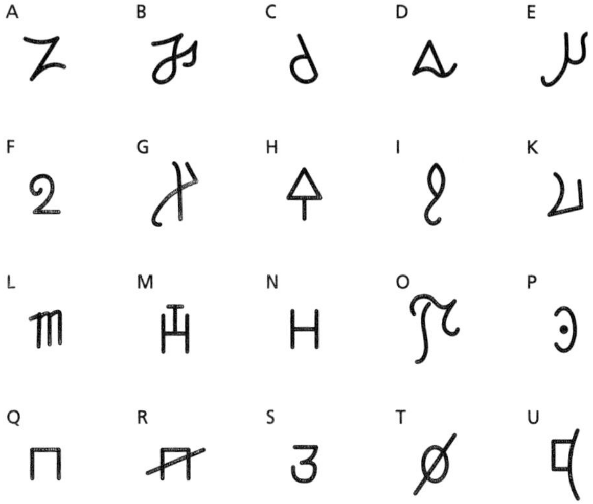
A
B
C
D
E
F
G
H
I
K
L
M
N
O
P
Q
R
S
T
U

因犹太神秘主义卡巴拉而愈加完备的
炼金术密码……3

炼金术的语言体系里有卡巴拉。卡巴拉是犹太神秘主义最深奥的意义，特别重视文字。卡巴拉有许多替换字母，甚至一个单词可以看作一句话每个单词首字母的组合，表示出现新的意义。卡巴拉是一种试图从文字里找出神圣的语言。12世纪时，犹太人在西班牙将卡巴拉发扬光大。这个时代的西班牙信伊斯兰教，但对其他宗教大体上是宽容的。

到了13世纪，不那么宽容的基督教徒夺回了西班牙。意大利人米兰多拉（Giovanni Pico della Mirandola, 1463~1494）将犹太教这种魔法般的要素带入基督教。魔法和卡巴拉让基督教更为完整。

曾向米兰多拉学习的罗希林（Johann Reuchlin, 1455~1522）视卡巴拉为天使学，将其系统化。约翰尼斯·特里特米乌斯（Johannes Trithemius, 1462~1516）则完成卡巴拉魔法，阿格里帕将之传播到欧洲各地。

A   B   C   D   E

F   G   H   I   K

L   M   N   O   P

Q   R   S   T   U

V   Y   Z

阿格里帕记录炼金术的天使文字……4
炼金术字母

阿格里帕在《神秘学》里记载炼金术的精炼法等内容时，为了保守秘密使用了暗号字母。

阿格里帕以能呼唤恶魔的使者著名，几乎可以说是"阴阳师"。他总是带着黑狗模样的恶魔（也许只是养了一只黑色的狗吧……）。据说，一个年轻人偷出写着呼唤恶魔方法的咒语并使用，没能掌控恶魔，反而被恶魔杀死。由于担心事件曝光，阿格里帕让这位年轻人复活，但阿格里帕必须因此逃亡。

阿格里帕的宗教观自由奔放，没有限制，认为所有宗教都可以融合。融合的还不只是宗教，自然学、数学和魔法学也融入其中。18世纪狄德罗（Denis Diderot, 1713~1784）和达朗贝尔（Jean Le Rond d'Alembert, 1717~1783）编纂的《百科全书》里认为《神秘学》属于魔法。

A B C D E

F G H I K

L M N O P

Q R S T V

X Y Z

共济会卡利奥斯托罗伯爵的
魔法字母

拥有许多奇怪头衔和经历的怪人卡利奥斯托罗伯爵（Count Cagliostro，本名Giuseppe Balsamo）在自己创始的埃及共济会仪式中使用的文字被称作魔法字母。他是魔法师，因使用降灵术士、炼金术士的催眠术（Mesmerism＝动物磁气催眠治疗术）诈骗等罪名入狱。

成为共济会成员后，卡利奥斯托罗开设了埃及分部，召集了许多皈依者，开始了访问欧洲各地的共济会巡礼。他以奇迹治疗师的身份，利用催眠术专门从事医疗活动。活动中，他自称发现了长生不老的灵药，自己已经1800岁，然后贩卖美容水和回春药等，大赚了一笔，是名副其实的诈骗者。

1785年，在玛丽·安托瓦内特（Marie Antoinette, 1755~1793）诈骗事件中，卡利奥斯托罗被捕入狱。不过他运气好，在法国大革命时被放了出来。几年后，他在罗马被当成异教徒审判，被判终身监禁，在狱中被毒杀。真是波涛万丈的精彩人生。

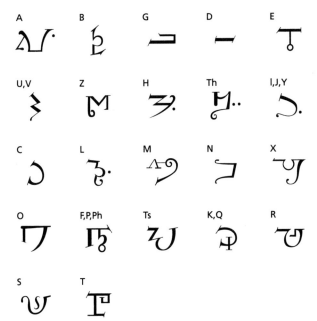

A B G D E

U,V Z H Th I,J,Y

C L M N X

O F,P,Ph Ts K,Q R

S T

宣告欧洲中世纪开始的
查理曼暗号

单字母替换暗号从恺撒时代开始使用。15世纪，建筑师阿尔伯蒂发明了两个暗号字母各互换一个文字的多字母替换暗号，让暗号有了光明的未来。查理曼暗号是单字母替换暗号，据说是法兰克王国加洛林王朝的查理曼（742~814）发明的。查理曼的祖父查理·马特（Charles Martel, 686~741）在普瓦提埃战役（或称图尔战役）中得胜，使欧洲免于被伊斯兰文化完全同化。后来，查理曼征讨伊比利亚半岛的伊斯兰军，将欧洲中部、法国、意大利置于统治之下。他被罗马教皇封为西罗马皇帝。这被称为"卡尔大帝的加冕"，也是西欧中世纪的开始。由于查理曼热衷于教育和文化，他的时代被称为"加洛林文艺复兴"。

查理曼死后，法兰克王国分裂为三个国家，分别为德国（神圣罗马帝国）、法国和意大利。法国的祖先查理曼也是德国的祖先，只是在德国被称为卡尔大帝。欧盟"统一欧洲"的概念应该就源自卡尔大帝（也称卡尔一世、查理曼）。

加洛林文艺复兴时期，很多书被誊写，使用的字体是加洛林王朝写字体。字体排印家莫里森（Stanley Arthur Morison, 1889~1967）从罗马的碑文和查理曼时代的文献中获得灵感设计出Times New Roman字体。1932年，被《泰晤士报》（The Times）采用，隔年被开放使用。

此外，加洛林文艺复兴时期，大写字母和小写文字开始被区分使用，单词间也会以空白隔开。

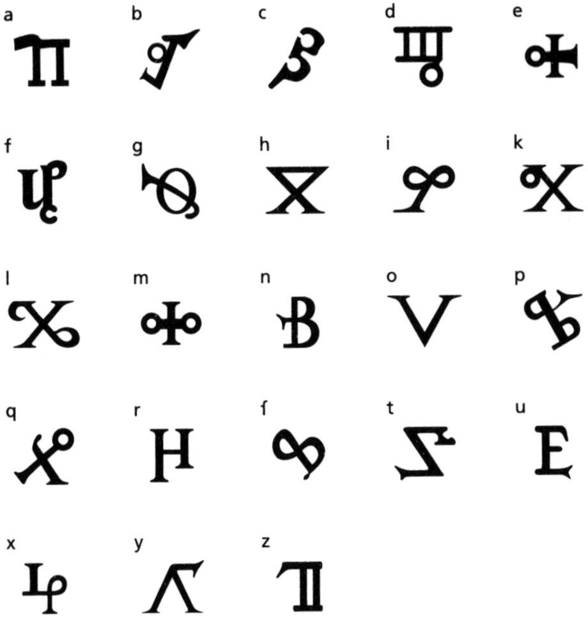
a b c d e
f g h i k
l m n o p
q r ſ t u
x y z

西罗马帝国的
拉班·毛鲁斯大主教字母……1

曾任德国富尔达修道院院长（822）、富尔达修道院学校校长的拉班·毛鲁斯（Hrabanus Maurus, 780~856）也是美因茨大主教。他在《语言的发明》（*De inventione linguarum*）中介绍了一种出处不明的书体。和阿格里帕的神秘字母一样，它是以希伯来文字为基础创造出来的。

富尔达修道院学校在拉班·毛鲁斯的领导下，成为欧洲最具影响力的学校。拉班·毛鲁斯甚至被尊称为"德国人的老师"。

→　查理曼暗号　226
→　拉班·毛鲁斯大主教字母　230

a   b   c   d   e

f   g   h   i   k

l   m   n   o   p

q   r   f   t   u

x   y   z

以希伯来文字为基础创出的
拉班·毛鲁斯大主教字母……2

这是拉班·毛鲁斯大主教师从法兰克王国卡尔大帝的老师、英国神学学者阿尔昆（Alcuin, 735~804）学习的文字。

阿尔昆是支持加洛林文艺复兴的基督教领袖之一。加洛林文艺复兴虽然不像意大利的文艺复兴那样诞生出新的理念，但这股以本笃会修道士为主的宗教运动让很多拉丁文献的手抄本重见天日。本笃会的会士遵循他们的信念"祈祷且劳动"（Ora et labora）进行抄写。如果没有他们的劳动，很多古代文献遗产就很难被保存下来。翁贝托·埃科（Umberto Eco, 1932~2016）的著名小说《玫瑰的名字》（1986）就是以本笃会修道院为背景的。

→ 查理曼暗号 226
→ 拉班·毛鲁斯大主教字母 228

a	b	c	d	e
ᚴ	Ḃ	ᚹ	ᛗ	ᛖ

f	g	h	i	k
ᚹ	✕	ᚼ	I	ᛒ

l	m	n	o	p
ᛐ	ᛗ	ᚵ	ᛥ	ᛥ

q	r	f	t	u
ᚴ	ᚱ	ᚴ	↑	ᚠ

x	y	z
ᛖ	ᛦ	ᛤ

★音乐符号――『セレクト版第2版　記号の事典』江川清＋青木隆＋平田嘉男編、三省堂、1987／『シンボルの原典』ヘンリー・ドレイファス編、八木茜訳、グラフィック社、1973

★日本新字――『日本語大博物館――悪魔の文学と闘った人々』紀田順一郎著、ジャストシステム、1994／『組版原論――タイポグラフィと活字・写植・DTP』府川充男著、太田出版、1998

★彻罗基文字 ――『世界の文字の図典』世界の文字研究会編、吉川弘文館、1993→(1)／『文字の世界史』ルイ・ジャン・カルヴェ著、矢島文夫監訳、会津洋＋前島和也訳、河出書房新社、1998／『アメリカ・インディアン悲史』藤永茂著、朝日選書、1974

★亚美尼亚文字 ―― (1)

★炼金术密码――『The Alphabetic Labyrinth――The Letters in History and Imagination』Johanna Drucker、Thames and Hudson、1995→ (2)／『知の再発見』双書72　錬金術――おおいなる神秘』アンドレーア・アロマティコ著、種村季弘監修、後藤淳一訳、創元社、1997

★天使文字―― (2)

★卡利奥斯托罗伯爵的魔法字母――『世界教養全集20 魔法――その歴史と正体』カート・セリグマン著、平凡社、1961／『世界神秘学事典』荒俣宏編著、平河出版社、1981／『詐欺とペテンの大百科』カール・シファキス著、鶴田文訳、青土社、2001／『魔術師大全――古代から現代まで究極の秘術を求めた人々』森下一仁著、双葉社、2002／ (2)

★查理曼暗号 ――『美しい書物の話――中世の彩飾写本からウィリアム・モリスまで』アラン・G・トーマス著、小野悦子訳、晶文社、1997／ (2)

★拉班・毛鲁斯大主教字母 ―― (2)

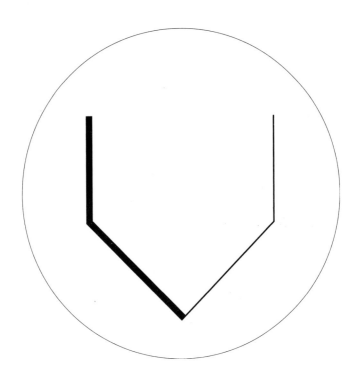

与那国岛的家徽
家判

与那国岛在明治之前似乎没有正式的文字，只有像图画文字般的凯达字。凯达一词源于"假屋字"。假屋是琉球王府设置在与那国岛附近的奉行所。凯达由计算记号发展而成，是为了向不识字的岛民征税而想出的。由于没有正式的文字，也无法写明姓名，官员就为每户人家创造一个符号。这就是"家判"，也是一种家徽。

家判后来被刻在每个家庭代代相传的家具什物上。因为有借用的习惯，所以需要注明每件物品的所有者。亲戚则通常在本家的记号上再追加一条线或一个点，从记号可以了解家族系谱。这和欧洲的纹章有异曲同工之妙。

村里	后松田	后安里	后间	与那霸
友知	请藏	后富村	滨盛	前竹
入真地	西后间	粟藏	谱久山	前黑岛
宫良	仲嵩	盖盛	玉城	内间
佐久木	入鸠间	入仲	松田	东小滨
神村	田里	入松田	池原	竹富
外间	新垣	前竹	根本	线数
吉盛	东迎	目差	大盛	宫里
崎原	前滨	大嵩	前嵩西	祖纳元 保久利
祖纳元 蒲户	泊 石户	泊 太郎	大新垣 满名	大新垣 蒲户

北极楚科奇人的
楚科奇文字

极地民族楚科奇住在亚洲的最东边，始终没有文字。楚科奇在俄文中是"Luoravetlan"（意为真人）。1930年，楚科奇人特内维尔（Tenevil）从图画文字发展出楚科奇文字，这是一种约140个字的表意文字。但随着苏联的识字运动推广，1937年，俄文变成当地的主流。图画文字系统的表意文字还是比不上更有逻辑的字母。

父	母	子	小	好
恶	人	贫困	富裕	我
我的	我们	吃	住	光亮
上面	那边	否定	唯一	均一
再者	川上	茶瓶	牛奶	板子
矛	烟管	烟草	驯鹿	野兔
其他的	盗			

为汉字加上注音的章炳麟的
注音字母

1912年，中华民国成立，次年召开了制定中国统一使用标准语的"读音统一会"。章炳麟（号太炎，1869~1936）提出的表音文字"纽文"和"韵文"在会中被采用。这就是"注音字母"。这些字母不是用来取代汉字，而是像日文的假名一样，是为了表示汉字读音的符号。有时夹在汉字和汉字中间，或加在汉字的旁边。单独存在的注音字母是没有意义的。1918年开始使用后，1930年改成注音符号。1958年的"汉语拼音方案"（中文罗马字表记法）实施后，注音字母在中国大陆逐渐消失，但在中国台湾地区依然被使用。右页为1930年制定的注音符号，其中有像日文假名"さ"和"せ"等的字形。

b ㄅ	p ㄆ	m ㄇ	f ㄈ	d ㄉ
t ㄊ	n ㄋ	l ㄌ	g ㄍ	k ㄎ
h ㄏ	j ㄐ	q ㄑ	x ㄒ	zh ㄓ
ch ㄔ	sh ㄕ	r ㄖ	z ㄗ	c ㄘ
s ㄙ	gn ㄣ	ng ㄫ	v ㄪ	i ㄧ
u ㄨ	ü ㄩ	a ㄚ	o ㄛ	e ㄜ
e ㄝ	ai ㄞ	ei ㄟ	au ㄠ	ou ㄡ
an ㄢ	en ㄣ	ang ㄤ	eng ㄥ	el ㄦ

阿波国的神社主祭藤原充长的

〔神代文字……9〕

阿波文字

德岛阿波国的大宫八幡神社主祭藤原充长的《假名表记》（かなふみ，1779）比平田笃胤的《日文传》还要早40年发行。其文字被称为"阿波文字"。

あ	い	う	え	お
か	き	く	け	こ
さ	し	す	せ	そ
た	ち	つ	て	と
な	に	ぬ	ね	の
は	ひ	ふ	へ	ほ
ま	み	む	め	も
や	い	ゆ	え	よ
ら	り	る	れ	ろ
わ	ゐ	う	ゑ	を

把汉字的元素纵写并排的长野利平的
流水文字

从 明治时期开始的国家文字改革潮流到现在依然绵绵不绝。虽然主要是因为汉字太难，但结果提出的文字只是凸显暗号的魅力而已。

20 世纪80年代初期，长野利平（1909~1992）著《日本常用略字大系》（1983）着眼于系统化的和文打字机，以简化的汉字为主题，

提议将汉字的结构元素以竖写方式排列。虽然有着中国的简化汉字所没有的趣味，但前提是必须知道原本的汉字才能阅读，所以依然难逃汉字的束缚。本页下方是以这种流水文字表示的夏目漱石《我是猫》的著名开头文句。

吾輩 は 猫 で あ る 。 名 前
は ま だ な い 。 ど こ で 生
れ た か 頓 と 見 当 が つ か
ぬ 。 何 で も 薄 暗 い じ め

じめじめした所でニャーニャー泣いて居た事丈は記憶して居る。吾輩はここで始めて人間というものを見た。然もあとで聞くとそれは書生という人間で一番獰悪な種族であったそうだ。此の書生というのは、我我を捕まえて煮て食うという話である。

汉字的草书体形成
平假名

根据《日本书纪》（720）、《古事记》（712）里的记载，4世纪末到5世纪初，百济之王送给日本天皇两匹马和典籍。这是佛教传入日本的开始。据说这也是汉字首次传到日本。实际上，汉字在公元1世纪左右就已传到日本。现存那时的汉字是"山"，也可能是"仙"。不过这个字在当时只是被当作装饰用，完全没有文字的功能。应神天皇时期，汉语的使用才开始普及。汉字被当成日文来使用是推古天皇（554~628）的飞鸟时代。太安万侣（?~723）以四个月时间写下《古事记》，采用汉字和假名掺杂使用的方法来书写。假名是相对于汉字是真名来说的。当时的假名还是用汉字来表示的万叶假名。正文是汉字，万叶假名只使用在歌谣上。

假名在奈良时代慢慢累积，到平安时代才完成。汉字的草书体变成平假名，汉字的省略体变成片假名。万叶假名使用的汉字笔画数多，由于只需要其发音，汉字的意思存在易产生困扰，所以需要新的字体。到了奈良时代后期，国家的法制律令越来越完整，需要制作越来越多的文书。这加速了汉字的草体化。于是介于汉字和假名之间的草假名诞生，其大量使用需求促使平假名的完成。据说905年纪贯之（868?~945?）所著《古今和歌集》就是平假名的完成版。日语学者小池清治（1941~）认为《古今和歌集》果断决定使用平假名可以跟战后决定使用"当用汉字"的大事件相匹敌。纪贯之后来还以平假名撰写了假托女性口吻的《土佐日记》。

→ 片假名　246

あ 安	い 以	う 宇	え 衣	お 於
か 加	き 幾	く 久	け 計	こ 己
さ 左	し 之	す 寸	せ 世	そ 曽
た 太	ち 知	つ 川	て 天	と 止
な 奈	に 仁	ぬ 奴	ね 禰	の 乃
は 波	ひ 比	ふ 不	へ 部	ほ 保
ま 末	み 美	む 武	め 女	も 毛
や 也		ゆ 由		よ 与
ら 良	り 利	る 留	れ 礼	ろ 呂
わ 和				を 遠
ん 无				

汉字的省略体形成
片假名

片假名是根据万叶假名的部分笔画产生的。省略法在佛典抄写员中产生。他们在记录佛典的讲义时，以省略的汉字来抄写笔记，可说是一种速记法。如此一来，成为汉字训读的表音记号，片假名因而诞生。因为是取汉字的一部分而来的，所以称为"片假名"。被保存下来最古老的片假名史料来自828年，但片假名的普及从950年才开始。平假名因为《古今和歌集》的完成而闪亮登场，片假名的出现则极为平凡。明治维新时发布的五条誓文以汉字、片假名交错书写。太平洋战争结束之前，官方正式文书都以汉文和片假名书写。除了佛典，这是片假名唯一比平假名占优势的短暂时期。战后，从美国来的教育使节团劝告政府废除汉字，改用罗马拼音，占领军也支持此建议。这虽然和日本的国家文字改革论者的提议不谋而合，但就如大家所知，这个提议并没有被采用。

明治三十三年（1900），文部省公布"小学校令施行规则"，统一了片假名和平假名的字体。同时伴随而来的国家方针是音标文字化。当时分成"假名派"和"罗马字派"两大派，针对是否应废除汉字而争论不休，这才有后来战后美国使节团的提议。1946年，在战后的混乱情况下，1850个"当用汉字"成为固定文字。同时，假名的使用、汉字简易化，实行了国家文字改革，这是终止废除汉字争论的里程碑。

汉字的简易文字化以手写简略字为基础来确定。手写文字和印刷文字应该相同，这样的狭隘见解成为主流。因此，手写文字的调查范围极其有限，出现了很随意的结果，完全不管汉字原本的意义，只以省略后的形状来讨论。当时主事者认为汉字总有一天会被全面废除，所以这些细节根本不重要。但是，全面废除汉字却没有持续进行，这个政策也因虎头蛇尾而告终。

→ 平假名　244

ア 阿	イ 伊	ウ 宇	エ 江	オ 於
カ 加	キ 幾	ク 久	ケ 介	コ 己
サ 散	シ 之	ス 須	セ 世	ソ 曽
タ 多	チ 千	ツ 川	テ 天	ト 止
ナ 奈	ニ 二	ヌ 奴	ネ 祢	ノ 乃
ハ 八	ヒ 比	フ 不	ヘ 部	ホ 保
マ 万	ミ 三	ム 牟	メ 女	モ 毛
ヤ 也		ユ 由		ヨ 与
ラ 良	リ 利	ル 流	レ 礼	ロ 呂
ワ ○				ヲ 乎
ン ン				

中国第一位女皇帝武则天的
则天文字

武则天（624~705）名曌，是中国历史上唯一的女皇帝。她成为唐高宗李治（628~683）的皇后后，开始展现其政治野心，在高宗死后掌握了实际的政权。她的两个儿子前后继任皇位，又被她废除。最后，她自己当了皇帝，废唐的国号，改为周。这就是武周革命（690）。武周时代，武后采用告密制度，只要发现违逆自己的人就用计谋残虐至死。

武曌原本是唐太宗李世民（598~649）众多后妃中的一个。太宗死后，没有生子的妃子全部被迫到佛寺出家。武曌也在寺庙里度过了一段郁郁寡欢的日子。后来，高宗的皇后因嫉恨高宗的宠妃，为了破坏两人的关系，把太宗时代曾偷偷瞒着皇帝和高宗交往过的武曌召回宫里。武曌奇迹似的回宫，人生再度绽放。此后，武曌专擅威柄。她将召自己回宫的大恩人皇后和高宗厚爱的妃子以计谋全部杀死，最后自己成了皇后，掌握了宫廷大权，自立为帝，改国号为周。称帝15年后，武则天年华老去，不得不退位，又被唐所取代。一般中国史上，周朝的独立性被抹杀，武则天只被当作唐高宗的皇后。

690年（载初元年），武后命令表姐之子宗秦客制定了17个新字。每个字都以汉字的偏旁部首组合。新制的文字很少，多用于年号（载、初、证、圣，证圣元年为695年）和常用字，所以使用也很频繁。明亮的天空组成"曌"（音：照）字，是只有她自己能使用的神圣文字。这大概是为了彰显她作为中国史上第一个女皇帝，希望留名于后世。

则天文字在武曌死后被禁止使用，但实际上在其后的125年依然被使用。传到日本后，奈良时代也有使用则天文字的例子。则天文字在佛典中广泛流传，人们从这些特殊的文字中，甚至看到咒术的魔力，并从则天文字中发展出其他字体。水户黄门的德川光圀（1628~1700）的"圀"字尤其著名，现在只有日本在使用。"国"字原本是"囗"里有个"或"（即"國"）。据说武氏刚开始治国时，认为囗里最好是个"武"，但是把"武"加入囗里感觉好像被囚禁，所以把表示全世界的"八方"加进囗里成为"圀"，才算稳重圆满。

天	地	日	月	星
国	君	臣	人	年
正	照	载	初	授
证	圣			

阿塔纳斯·珂雪的
古代中国文字范例

文艺复兴最伟大的幻想科学家耶稣会士阿塔纳斯·珂雪（Athanasius Kircher）也是位发明家。他发明了投影灯、万测仪、数学风琴、反射时钟、听音器等。他在1667年刊行的奇书《中国图说》（*China Monumentis*）中记载了16种中国的古代文字类型。《中国图说》是欧洲最早集结了丰富插图的中国志。

书里的古代文字有所谓的龙蛇文字、农作物文字、凤羽文字、虫贝文字、草根文字、鸟文字、星文字、鱼文字、水文字等，从动植物的形状到类似的奇妙文字并排。没去过中国的珂雪当然不可能知道其中的真假，只是根据耶稣会传教士们所言，收集欧洲各地的中国信息所成。序文中写明这是为了保存传教士们不惜性命收集而来的信息。这种"以假乱真的结果"成了了不起的有说服力的内容。

珂雪也对埃及的神秘哲学十分着迷，留下过关于埃及的著作。珂雪认为汉字和埃及象形文字很相似。虽然让人觉得他想得太简单，但他确信汉字的根源来自埃及，因为中国人也尊重十字形，从"十、土、王、玉、生、主"等汉字中就可以看出端倪。

珂雪想以另一个角度来解释象形文字。他认为象形文字并非语言，而是象征性的东西。商博良根据罗塞塔石碑来解读象形文字是在两百年之后的事。对珂雪来说，以自然为根源创造的象形文字，以及根据象形文字创作的汉字当然都是描绘自然的东西。

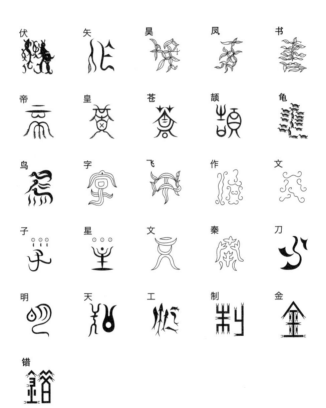

伏	矢	昊	凤	书
帝	皇	苍	颉	龟
鸟	字	飞	作	文
子	星	文	秦	刀
明	天	工	制	金
错				

比汉字还复杂的李元昊的
西夏文字

在《马可·波罗游记》中，"Tangut"指西夏国，位于中国西北部，是个佛教国，宋朝开始获得皇帝的承认。1038年，李元昊（1003~1048）成为西夏第一位皇帝。在即帝位前的1036年，他公布了国定文字，也就是西夏文字。西夏王国统治下的党项羌族没有自己的文字，全都使用汉字。在创造全新的国家文字时，因为对汉字的憧憬，希望创造出超越汉字的文字。在汉人的协助下，西夏文字成为比汉字更复杂的表意文字，共有6133个字，在1036年一举公布。1227年，西夏国被成吉思汗率领的蒙古军灭亡，西夏文字随之消亡。

对西夏文字的研究，苏联专家技高一筹。著有《西夏文字抄览》一书的尼可莱·尼威斯基（Nikolai Nevsky, 1892~1937）在日本民俗学上也有很深的造诣。他在《月和不死》一书中追究日本不死传说的真相和东北欧西拉神（Oshira）信仰等，为日本民俗学研究创下了重要的成果。他在俄国革命前来到日本，在日本居住了十几年做研究，回到俄国时已经是苏联的时代。他在苏联协助日语教育。1937年，在苏联的肃反运动中，他因为长期滞留日本而被疑为间谍，最终被执行枪决。

世/g-ruh 俗/r-mu 随/hbu 敬/sha 礼/htshi

法/zhe 者/ta 三/gsoh 世/ru 界/dk-he

等/ni 二/gni 句/bgyi 文/d-wir 中/kh-ha

心/gneh 实/dghe 有/lhi 谓/g-yih 今/gseh

马/hbar (姓)/wa 师/dzeh 亦/tsi 此/tha

如/zu

一 二 三 四 五

六 七 八 九 十

百 千

天儿屋根命的末裔中臣氏的

〔神代文字……10〕

中臣文字

中臣文字看起来像是受到汉字的影响很大，详细情况不明。来自天儿屋根命的子孙中臣氏，在大和朝廷里任职。天儿屋根命在日本神话中是天岩屋户前呈奏祝词之神。大化革新（645）中有功的藤原镰足（614~669）在改姓前也姓中臣。

据说很多专职速记、代笔的人都患有"书痉"的身心病。患病的人一到写字时，手就麻痹发抖，无法好好写字。现在也有很多人因敲键盘过度而有手颤抖的症状吧。这个中臣文字是名副其实的书痉体，笔画不断抖动。了不起的是中臣文字完全没有和具体汉字相似的地方。

あ	い	う	え	お
か	き	く	け	こ
さ	し	す	せ	そ
た	ち	つ	て	と
な	に	ぬ	ね	の
は	ひ	ふ	へ	ほ
ま	み	む	め	も
や	い	ゆ	え	よ
ら	り	る	れ	ろ
わ	ゐ	う	ゑ	を

★家判──『与那国町の家畜耳印・家判・カイダー字・水田名』与那国町教育委員会編、1992／『民俗文化の現在──沖縄・与那国島の「民俗」へのまなざし』原知章著、同成社、2000

★楚科奇文字 ──『世界の文字の図典』世界の文字研究会編、吉川弘文館、1993→(1)

★注音字母──『漢字と中国人──文化史をよみとく』大島正二著、岩波新書、2003

★神代文字──『日本神代文字──古代和字総観』吾郷清彦著、大陸書房、1975

★流水文字──『日本語大博物館──悪魔の文学と闘った人々』紀田順一郎著、ジャストシステム、1994

★平假名、片假名 ──『文字の世界史』ルイ・ジャン・カルヴェ著、矢島文夫監訳、会津洋十前島和也訳、河出書房新社、1998／『日本語はいかにつくられたか?』小池清治著、ちくま学芸文庫、1995／『NHK BOOKS 721 漢字の文化史』阿辻哲次著、日本放送出版協会、1994／『漢字と日本人』高島俊男著、文春文庫、2002／(1)

★則天文字──『則天武后──女性と権力』外山軍治著、中公新書、1966／『漢字三昧』阿辻哲次著、光文社新書、2003／『古代を考えるⅢ「文字との出会い」──南武蔵・相模の地域社会と文字』横浜歴史博物館編、2003

★ 珂雪的古代中国文字范例 ──『蒼頡たちの宴──漢字の神話とユートピア』武田雅哉著、筑摩書房、1994／『キルヒャーの世界図鑑──よみがえる普遍の夢』ジョスリン・ゴドウィン著、川島昭夫訳、澁澤龍彦十中野美代子十荒俣宏解説、工作舎、1986／『大理石』アンドレ・ピエール・ド・マンディアルグ著、澁澤龍彦十高橋たか子訳、人文書院、1971

★西夏文字 ──『西夏文字の話──シルクロードの謎』西田龍雄著、大修館書店、1989／『解読古代文字』矢島文夫著、ちくま学芸文庫、1999

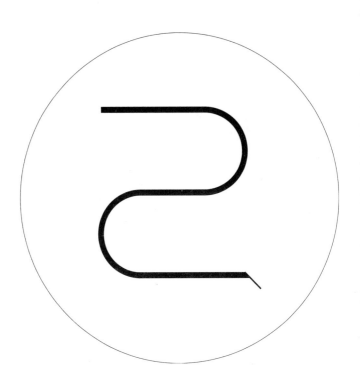

也被称为"伊予文字"的

〔神代文字……11〕

秀真文字

田笃胤的《日文传》里，称此文字为"土牒秀真文"，故称为"秀真文字"（Hotsuma）。因为属于爱媛县的伊予城下的八幡神社所馆藏，故也称为"伊予文字"。右边的字源图和阿比留文字及种子文字相同。

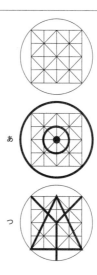

あ

つ

あ い う え お
か き く け こ
さ し す せ そ
た ち つ て と
な に ぬ ね の
は ひ ふ へ ほ
ま み む め も
や ゆ よ
ら り る れ ろ
わ ゐ ゑ を
ん

发源于古代东方的
占星术符号

占星术是以太阳、月亮和太阳系五大行星在黄道上的运转来预测各种事物动向的学问。起源于古代东方，后传到希腊。托勒密提倡地心说（天动说），将占星系统化，标记形式即为占星术符号。后来占星术在阿拉伯地区很兴盛，又因十字军而传到欧洲。这和炼金术的传播路径一样。到文艺复兴时，占星术渗透到欧洲各阶层，几乎所有行动都以占星术为依据。制定历法，从农业到国家大事全部按照天体的运行来规范。

于是，占星师成为宫廷的重要人物。16世纪波兰的天文学家哥白尼质疑托勒密的地球中心说，提倡太阳中心说。这是近代天文学开始萌芽的时期。1582年，教皇格列高利十三世（Pope Gregory XIII, 1502~1585）采用儒略历（恺撒于公元前46年制定），之前的宇宙论渐渐崩溃。以前被当成科学的占星术，化身为神秘主义继续生存下去。近代科学的贡献者

牛顿也对占星术抱有好感，由此可见占星术与日常生活有着十分密切的关系。

希特勒崭露头角的时代，德国占星师偷偷地制作了希特勒的出生星盘。以星盘预测今后动向和命运的方式开始流行。希特勒夺取政权后，禁止星座相关文章的出版和发表。可能是因为对于喜好神秘学的希特勒来说，负面的预言让他感觉很不舒服吧。

为了按纳粹的喜好来解释占卜者诺查丹玛斯（Nostradamus, 1503~1566）的预言，希特勒雇用了瑞士占星师克拉夫（Karl Ernest Krafft, 1898~1945），把占卜预言应用在对法国的逆向宣传上。但是，克拉夫因预言德国将遭英国空袭而被解雇。这就是纳粹的国家占星术事件。

行星记号在炼金术符号（→p.062）中也曾提过，主要来自希腊神话中诸神名字的首字母。

太阳	月	水星	金星	火星
木星	土星	天王星	海王星	冥王星
地球	白羊宫	金牛宫	双子宫	巨蟹宫
狮子宫	处女宫	天秤宫	天蝎宫	人马宫
魔羯宫	宝瓶宫	双鱼宫	合相	-
半	六分相	四分相	三分相	-
五分相	冲	火	水	风
地	春	夏	秋	冬
日出	日落			

林奈创造的
生物学符号

动物学和植物学上使用的符号。雌、雄符号从占星术、炼金术而来。雄为火星=铁=Mars（战神），雌为金星=铜=Venus（维纳斯）。以十字架形状的剑象征"死"。

这些符号在林奈1767年到1771年的诸著作中首次被使用。另外，"水星=水银"为双性花，"土星=铅"为灌木，"木星=锡"为多年生植物，"太阳=金"为一年生植物。雄性符号也用在两年生植物上。

林奈是18世纪瑞典的生物学家。他认为不仅仅是动物，植物也要"两性结合"，所以需要引入性别分类。他因此受到一定负面评价。批评者认为他把男性在上的社会观也带入植物界，认为一切都应以雄性优先，"女性遵从男性"是理所当然的，这是社会的普遍概念。林奈确定的依属和种的"双名制命名法"现在已经成为生物学名的正式命名形式。

→ 炼金术符号　062
→ 占星术符号　260

雄 野生型基因	雌 野生型基因	雄（正常者）	雌（正常者）	有特殊性状的雄
有特殊性状的雌	雌雄不明体	流产儿或幼死者	雄	雌
雌雄同体、 双性	雌雄同体	双卵双胎 （雄）	双卵双胎 （雌）	生
死	交配（结婚）	交配	一年生植物	二年生植物
多年生植物	卵	幼生	蛹	双重结合
齿式				

机场和空中情报的记号
航空符号

航空图有很多地图没有的记号。这里收集了机场的符号和空中情报相关的记号。航空图以兰伯特正角圆锥图法描绘，把圆锥盖在地球上，把以地球为中心的投影平面图化。角度正确，距离的误差也比较少。

兰伯特（Lambert）是精通哲学、数学、物理、天文的德国跨领域学者，16岁就发现了彗星轨道相关的兰伯特定理，后来又发现了许多数学、物理学的原理。他证明了355除以113是π的近似值，以及π是无理数。光的亮度单位也是根据他的名字制订的。1772年，他想出了几种绘制地图的投影法。正角圆锥法就是其中之一，最适合中纬度的广阔地域使用。此方法经过一个多世纪才被公认，现在成为绘制航空地图的主要方法。

→ 电气符号　058
→ 地图符号　092
→ 气象符号　276

有航空保安设施的机场（陆上）

铺装飞行跑道	民间	自卫队或是美军	军民共用

有航空保安设施的机场（水上）

民间	自卫队或是美军	军民共用

没有航空保安设施的机场或是紧急用机场等

铺装飞行跑道	铺装飞行跑道	未铺装飞行跑道	直升机升降地	滑翔场

旧机场	水上机场

空中情报相关航空记号

限制空域	训练空域	地上高1000英尺以下	地上高1000英尺以上	障碍物群

障碍物群	机场灯塔

筑城之际刻上的大名存在证明
石墙刻印

日本城堡的石壁上刻着各式各样的图案和记号，这就是石墙刻印。江户时代以后，像重建大阪城等城堡工程由各个藩分工负责。每个藩会在自己负责的石墙上刻印，以留下证明。几乎都会刻上各藩主的家纹、奉行之名、石头产地，还有堆石头的顺序、距离。其中还有些会遵循阴阳道刻下符咒。

赤穗城筑城之时，根据阴阳五行说举行了开工奠基的仪式。当时使用木制圆盘的"指南针"上有16种记号（卍×△○＃☆□▽等）。这些记号依据方位刻在石墙上，据说是守护城郭的符咒。

右页为参加大阪城重建工程的前田家刻印和金泽城的石墙刻印。数字为该记号出现的频率排序。

大阪筑城时前田家代表刻印的顺序

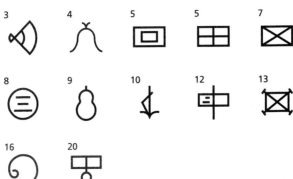

金泽城代表刻印的顺序

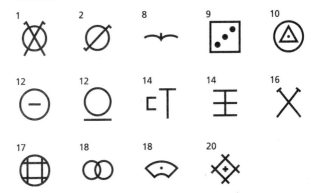

从占星术发展出的
太阳系、星、月符号

表示太阳系、星星、月亮现象的符号与占星术的渊源深厚，现在也共用一些符号。太阳系的符号全部是从占星术借来的。

星座的历史古老，起源于公元前3000年的巴比伦，后传到希腊。2世纪时，托勒密以希腊神话为根据，提出四十八星座。1603年，和开普勒（Johannes Kepler, 1571~1630）同时代的拜耳（Johann Bayer, 1572~1625）又加上南天的十二星座。现代则是八十八星座。近代星图始于英国格林尼治天文台首位台长佛兰斯蒂（John Flamsteed, 1646~1719）的天球图。

★从何时开始变成星星代表符号的呢？巴比伦代表"神"的楔形文字是☆，毕达哥拉斯派则把☆比喻成"完全·宇宙·人类"的符号，当成徽章。这被称为penta alpha（五个

A）。☆尖起的部分代表A，共有五个包围成圆，可以解释为把邪恶的精神封起来，并带来友爱。公元前7世纪的古希腊瓶绘上已经出现这个符号。几乎无论哪个时代，世界各地都有人将它用在符咒和除魔上。

日本最早的星形符号当然是著名的阴阳师安倍晴明（921~1005）最先使用的晴明纹。这是从阴阳五行而来的符号。它不只代表星星，是包含了天地（宇宙和地球）在内的符号，所以比毕达哥拉斯派的寓意更丰富。

日本的星星符号主要以○来代表。在日本，☆被当成星星符号是在葡萄牙人等外国人来到日本的时候，也就是江户时代之前。至于☆被确立为星的符号，则是在明治之后，陆军把它当成军徽使用才传播开来。

→ 占星术符号　260

太阳系、星星的记号

太阳	月	地球	地球	水星
☉	☾	⊕	♁	☿

金星	火星	木星	土星	天王星
♀	♂	♃	♄	♅

海王星	冥王星	星	四等星	变光星
♆	♇	★	●	◉

新星	二重星	彗星	行星状星云	弥漫星云
			◎	

系外星云	散开星团	球状星团

月亮盈亏的记号

新月	上弦月	上弦月	满月	下弦月

下弦月

操作记号的标准化
电视、录像机、音响设备符号

右页为关于电视、录像机、音响设备的操作，日本电子机械工业会（EIAJ）推荐业界使用的部分符号。日本电子机械工业会是由电子机器、电子零件、电子设备制造商等520家组成的工业团体，也致力于条码系统的完善等行业标准化事务。

那么，"标准化"的想法是从何时开始的呢？18世纪上半叶，法国出现了枪和大炮可以互相替换共用零件的想法。19世纪初，为了大量生产，开始使用产品设计图。法国的互换性技术在19世纪上半叶传到美国，渐趋成熟，成果就是20世纪初福特汽车的大量生产。19世纪中期，螺丝的标准化方案被提出，逐渐普及。20世纪后半期开始，为了流通上的便利，ISBN和条码等被标准化。各行各业开始朝标准化迈进，"全球标准"也成为普遍的用词。操作符号的标准化给使用者带来很多便利。

电源／主电源	交流	直流	交直两用	信号用地线
安全用地线	天线	偶极子天线	电池	耳机
麦克风	耳机	电唱机	扬声器	磁带录音机
亮度调节	对比度调整	水平画面调整	垂直画面调整	音量调整
高音调整	低音调整	播放	快进	停止
暂停	录像、录音	拷贝	慢镜头	退出
静止				

坚持原子的形状须为〇
道尔顿原子符号

英国气象学家、化学家道尔顿（John Dalton, 1766~1844）在观测气象时，提出大气的均质性和气体的溶解现象都是因为物质由粒子组成。这些粒子是不能分割的最小单位，质量和大小也是固定的，因其不变的特性称之为原子。1803年，道尔顿发现这些原子以固定比例和倍数比例结合的"倍比定律"。

道尔顿觉得要一一写下这些元素（原子）的名称很麻烦，提出以符号来表示。同时他思考得出了球状的原子符号。他从1808年开始，花了两年时间写出两卷本《化学哲学新体系》（*New System of Chemical Philosophy*），成为化学界划时代的事件。书中收录了这些原子符号。

道尔顿坚持以〇来表示原子符号，原子量也可以跟着原子符号来表示。但是，符号很烦琐，印刷业界觉得要新造字很麻烦，不适用于印刷，因此未能普及。

1814年，瑞典化学家贝采利乌斯（Jöns Jakob Berzelius, 1779~1848）提出以各元素的拉丁名首字母为符号来表示。现在基本上采用了这种命名方式。道尔顿的方式被完全淘汰。

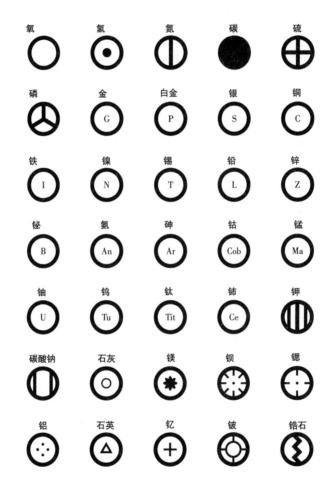

神圣的几何图形
家纹

图案是家纹的起源，绳文陶器是日本家纹的出发点，古代人在几何图形里看到灵的力量。邪马台国和大和朝廷时，从中国传来各式各样的图案。这种唐朝风格一直持续到奈良时代。到了平安时代，遣唐使被废除，和中国的交流减少，图案才开始日本化。后来，朝臣显贵的带篷牛车上也绘上图案。图案也越来越精巧。当时还没有当成代表符号，只是一种装饰。在显贵西园寺实季的牛车上描绘的图案是"巴"。"巴"被当成神纹，具有很强的咒术功用。

随着武官家族抬头，因为必须在战场上辨认同族党的人，确立了作为记号功能的纹章。其基本造型特征为对称，将之扩大、缩小、回转、移动等，在保持对称美的同时不断发展。平安时期以前，日本人视献神用的白色币帛为神圣的象征，描绘了家纹的白色旗帜进一步加强了神力。因此，家纹多是白底黑图或以白色镂空图案为基本形状。

这里选出的部分日本家纹图形洗练，跟20世纪欧洲的抽象主义有某种相似之处。这些纹图设计的主要目的，除了在战场上远远就能辨认出友军和胜败外，更重要的是，即使是文盲也能轻易辨认。（家纹图案制作人：泽地真由美）

→ 家徽　196
→ 家判　234

角持	圆相	角立角持	一鳞	粗直交叉
算木	天地	卍丸	三合山	三合臀扇
朦胧沙洲	变形橘	光琳梅	沙洲	蛇目圆
角九曜	九角立石叠	绫四目结	平四目结	一隅目结
品	圆中空竹	圆中一引	细圆山道	镨
升	井田	太平角	二引	十文字
久留须	手球空竹	马镫	钵形山	桔梗
分裂井筒	分铜	月星	初雪	六角山形
三鳞	三立石块	松浦星	双空竹	空竹
蝶之星	太极图	钉	双镨	的角

海因里希·布兰德斯创始的
气象符号

"气象"一词来自公元前4世纪亚里士多德（Aristotle，前384~前322）的《气象学》（Meteoorogica）。1597年，伽利略制作出温度计。1644年，托里拆利（Evangelista Torricelli，1608~1647）发明水银气压计，能记录观测的结果，开启了科学观测气象的道路。

1820年，德国人海因里希·威廉·布兰德斯（Heinrich Wilhelm Brandes，1777~1834）将1783年欧洲各地的观测资料记入地图。这就是天气图的起始。1849年，随着英国的气象电报发达，报纸开始刊登天气图。1856年开始，天气图的制作成为日常生活的习惯。从天气图的分析开始能够预测天气。在法国，从1863年开始，天气图制作成为国家事务。

日本最早的天气图始自1883年2月16日。1884年6月1日首次发表天气预报，因此6月1日是日本的气象纪念日。天气图从1924年开始刊登在报纸上。1872年，日本第一个气象测候站在函馆设立。东京气象台（现在的气象厅）于1875年成立。1927年，气球上层大气观测装置实验成功，又加上了高层天气图。

这里只收集了圆形的气象符号。上面是18种日本式的天气记号。"云量"和"现在天气"是国际式的，由联合国所属专门机构世界气象组织（WMO）制定。国际式分得过细，所以日本还是使用日本式。

→ 电气符号 058
→ 地图符号 092
→ 航空符号 264

天气记号

晴朗无云

晴

阴

烟雾

尘烟雾

沙尘暴

风吹起地面上的积雪

雾或冰雾

牛毛细雨

雨

大雨

骤雨

雨夹雪

雪

骤雪

冰雹

雷雨

天气不明

云量

云量1

云量4

云量5

云量6

云量7-8

云量9-10

现在天气

无云

天气无变化

云产生中

描绘频率的
克拉得尼的声音图形

德国的物理学家克拉得尼（Ernst Florens Friedrich Chladni, 1756~1827）从弦及振动的研究中发现，在平板上撒沙，敲板子或以弦乐器发出振动时，沙会集中到板子没有振动的部分（称为"节点线"），演变成几何图案。1787年，他发表了《音响理论的相关发现》（*Entdeckungen uber die Theorie des Klanges*）。之后，这些图案就被称为"克拉得尼图形"。图形和频率之间有一定的比例关系。

克拉得尼的发现扩展到音响学、音波传送的数学公式、各种气体中音速的测量等几乎所有与声音相关的领域，甚至创造了低音的金属管吹奏乐器低音号。

此外，比克拉得尼要早300年的达·芬奇（Leonardo da Vinci, 1452~1519）曾在手稿中记录：用铁锤敲桌子，桌子表面的尘埃会移动并形成几何图案。达·芬奇从此现象联想到沙的风纹、造山运动、宇宙论等。

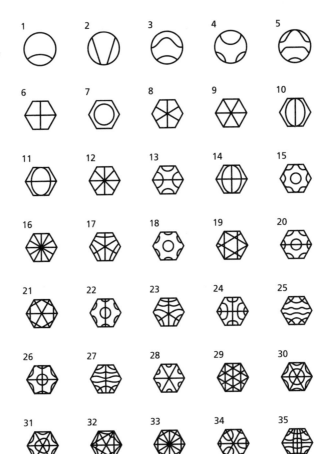

★神代文字──『世界の文字の図典』世界の文字研究会編、吉川弘文館、1993／『日本神代文字──古代和字総観』吾郷清彦著、大陸書房、1975

★占星术符号──『セレクト版第2版　記号の事典』江川清＋青木隆＋平田嘉男編、三省堂、1987→（1）／『世界神秘学事典』荒俣宏編著、平河出版社、1981／『イメージの博物誌1　占星術』／『イメージの博物誌1　占星術──天と地のドラマ』ウォレン・ケントン著、矢島文夫訳、平凡社、1977

★生物学符号──『科学の考古学──その底辺を掘りおこす』平田寛著、中公新書、1979

★航空符号──『おもしろくてためになる　単位と記号雑学事典』白鳥敬著、日本実業出版社、2001

★石墙刻印──『形の文化史6　花と華』「星形多角形の文化と受容──聖と呪の象徴図形　再論」金子務、工作舎、1999

★太阳系、星、月符号──『形の文化史4　シンボルの物語』「聖と呪の象徴図形──ダヴィデの楯と晴明判紋」金子務、工作舎、1996／（1）

★电视、录像机、音响设备符号──『〈標準〉の哲学──スタンダード・テクノロジーの三〇〇年』橋本毅彦著、講談社選書メチエ、2002／（1）

★道尔顿原子符号──『物の理──なぜ原子や分子は目に見えないか？』桜井邦朋著、白日社、2003／ちくまライブラリー59『ガリレオたちの仕事場』金子務著、筑摩書房、1991

★家纹──『家紋で読み解く日本の歴史』鈴木亨著、学研、2003／『図説百科　日本紋章大図鑑──歴史と暮らしの中の紋章5000』新人物往来社、1978

★气象符号──（1）

★克拉得尼的声音图形──『音楽家レオナルド・ダ・ヴィンチ』エマニュエル・ヴィンターニッツ著、金澤正剛訳、音楽之友社、1985

最后想谈谈本书书衣、封面中隐藏的小插曲。本书初版时全书装帧使用的是红色。这个红色是太平洋战争时，美国对日暗号解读小组"magic"替日本军事暗号取的绰号"Red"（红），"Red"从军事暗号书的封面颜色，变成了美方的命名。Red暗号是1931年日本海军从德国购买的恩尼格玛（Enigma）密码机加以改造的成果，正式运用在军事上是皇纪（从《日本书纪》中记录的公元前660年神武天皇即位开始计算）2591年，取最后两位数，将它称为"91式暗号"。之后，日本再度改造这款暗号机，开发了97式暗号机，正式的名称是"97式欧文印刷机"。97式的暗号书封面为紫色，因而美军将它称为"Purple"（紫）。日本军方过于自信，认为不论红色还是紫色暗号都绝不会被破解，管理上于是很随便，用这两式暗号机同时在两个地方以相同的暗语来传送信息。结果，战争爆发前夕即被美国"magic"小组成功破解。不过，本书再版时更换了装帧颜色，"红"的色彩概念也仅使用于初版。

★书衣的圆形小洞是凡尔纳的小说《桑道夫伯爵》（*Mathias Sandorf*, 1885）中桑道夫伯爵用以解读暗号的模型纸。书衣正常套在书封上时，36个字符的矩阵只显示"ZEЯRO松田行正"，将书衣顺时针旋转90度时就变成"ZAЯRATHUS"，再转90度则变成"TЯRASIGNE"，接着转90度则会出现"ASINTOEЯR"。除去作者名，分别是ZEЯRO，ZAЯRATHUSTЯRA，SIGNE，A SIN TO EЯR。此外，纸上的九个洞排列方式来自杜尚《新娘，甚至被光棍们剥光了衣服=通称大玻璃》（*La Mariée mise á nu par ses célibataires, même*, 1915~1923）中的"九个射击的痕迹"。喜欢玩双关语的杜尚用射击的洞比喻射精。

★这个暗号里的"R"全都用"ЯR"来表示。"RR"是杜尚的笔名Rrose Sélavy的前两个字母。1921年，杜尚想象一个具有双重人格的自我，因而取了这个女性化的名字。刚开始只有一个R，后来从"arroser"（撒水）得到灵感，改成两个R。Sélavy是"c'est la vie"的谐音，"Rose, c'est la vie"（玫瑰，这就是人生）。ЯR左右相反，即使没有Я，也还有一个R，也就是意味着零的"ZERO"。

★ "ZAЯRATHUSTЯRA"即ZARATHUSTRA，当然是来自尼采（Friedrich Wilhelm Nietzsche, 1844~1900）的书名。有点像卡巴拉的咒语ABRACADABRA，因喜欢其语感而选用。ZARATHUSTRA是琐罗亚斯德（Zoroaster）的德文。琐罗亚斯德为公元前6世纪波斯琐罗亚斯德教的创始者和预言家。琐罗亚斯德教主要基于善恶、光明与黑暗的二元论，善神Ahura Mazda和恶神Ahriman永远战斗不停，并且认为最后当然由善神Ahura Mazda获胜。这个二元论将古代各种蠢蠢欲动的神祇清楚地划分为二。这种清楚的界线成为后来基督教等教派思考的根基。Ahura Mazda的象征为太阳、星星、火，所以也称为"拜火教"。Ahura是神，Mazda则是智慧的意思。另一个选择的理由是Mazda和松田（Matsuda）的发音很像。

★ "SIGNE"是法文的"记号"。索绪尔（Ferdinand de Saussure, 1857~1913）将此字定义为拥有记号表现（signifiant /能指 / 意符）和记号内容（signifié / 所指 / 意旨）两种概念的词语。索绪尔从语言体系中划分出两个体系，在本质上发现所指和能指之间对应的武断和各系列要素的分节任意性。列维–斯特劳斯（Claude Lévi-Strauss, 1908~2009）则指出，这样的结构和类型同样存在于未开化社会的亲族体系或神话世界中。更有甚者，有人将这种"结构"概念运用到生物进化原理，这种结构主义进化论正受到瞩目。

★ "A SIN TO EЯR"为第二次世界大战时克劳森（Max Christiansen Klausen, 1899~1979）所创。当时他负责处理泄漏了苏联军方"日军没有入侵苏联作战"等重要情报、被当成间谍逮捕且处死的德国记者佐尔各（Richard Sorge, 1895~1944）的暗号电信。ASINTOER是把英文中出现频率高的字母组成单词，再加上一个Я就变成"A SIN TO EЯR"（错之罪）。克劳森将ASINTOER以0到7的数字置换，每次出现这个字母就用对应的数字替换，其他的字母也用别的方法替换成数字。这样的暗号还是过于简单，所以数字又被暗号化，说明很烦琐，在此省略不谈。

★方阵中的文字全部说明完毕。ZERO是从意大利文而来，作者名为日文，ZARATHUSTRA为德文，SIGNE为法文，A SIN TO ERR为英文，五国语言并列。因此这五国的单字（母）全部以代表其国家的字体来表现。意大利文用意大利人波多尼（Giambattista Bodoni, 1740~1813）在1790年左右开发的Bodoni Roman体。法文用法国人加拉蒙（Claude Garamond, 1510~1561）的Garamond体。按1539年颁布的统一公用语言令，原本多语言的法国开始统一使用法文，所有人都使用加拉蒙印刷字体，加拉蒙因而被称为"雕刻王国文字的人"。英文使用英国人莫里森（Stanley Arthur Morison, 1889~1967）的Times New Roman，这是1932年英国的日报《泰晤士报》采用的字体。德文为伦纳（Paul Renner, 1878~1956）的Futura字体。1927年发售的Futura字体因考虑到德文的组版，字元重新被设定，和以前的无衬线（Sans-Serif）字体不同，变成拥有现代感的字体。日文当然是明朝体。

★最后在这里想感谢协助制作本书的人。首先是松田工作室的中村晋平，他对于这些大量的记号和文字的再三变更从不感到气馁，一再编排、修正。小林恭子帮忙负责全部的校对工作。针对小林提出的疑问，我能重新调查、确认资料并加以修改，实在太感谢了。逸见阳子也帮了我同样的忙。虽然我只拜托逸见帮忙确认欧洲文字，但她却帮我把以形状选出来、以形状分类的各项目内容分成script、alphabet、character等类别，让我能够理出头绪。牛若丸的顾问米泽敬帮忙思考本书的宣传语，书腰上简洁的一行字。还有寻找错误的能手松田工作室的天野昌树帮忙做最后的把关校对。文唱堂印刷的山田泰司也很小心谨慎地帮忙完成烦琐的工作，甚至帮忙校正。我由衷地感谢大家。

★本书日文版使用的字体：前言=岩田细明朝体，次标题和文中的大文字=ryuminR-KL+秀英3号R／游筑36P假名3、Gothic

相关=粗体gothicW1/W3/W6，内文的括弧为MA31、Bodoni Book、AGaramond、Shelley Volante Script、Frutiger Light／Roman／Bold。封面文字方阵的五种字体分别为Bodoni Book、ryuminR-KL、Futura Book、AGaramond、Times New Roman。

★本书日文版的用纸：书衣／封面／衬纸全部是tantV.V-69、四六判130g/100g。书衣的花边纸为伊东信男商店的No.23，书签为No.5。日文版第一次印刷时切口刷的油墨为食用色素红色102号。封面上烫的是村田金箔GF-70红。内文用纸为white night cream A判55g。前言和后记为conylap skyH判108g。

松田行正作品

主编　张维军

《圆与方》

《2 的冒险》

《零 ZEЯRO：世界符号大全》

《一千亿分之一的太阳系 + 四百万分之一的光速》

（以上为已出版品种，以下为计划出版品种）

《偷窥一本书：快乐的知识》

《加 et：符号事件簿》

《设计的密码》

《变》

主编公号　欢迎交流